www.ingramcontent.com/pod-product-compliance
Lightning Source LLC
LaVergne TN
LVHW010557070526
838199LV00063BA/4999
* 9 7 8 9 3 5 8 7 2 5 6 9 8 *

پیارے نبی ﷺ کی سیرتِ مبارک

(جامعہ فاروقیہ کراچی کے مجلہ 'الفاروق' سے انتخاب)

مرتبہ:

سید حیدرآبادی

© Taemeer Publications LLC
Pyaare Nabi ki Seerat-e-Mubarak (Essays)
by: Syed Hyderabadi
Edition: April '2024
Publisher :
Taemeer Publications LLC (Michigan, USA / Hyderabad, India)

ISBN 978-93-5872-569-8

9 789358 725698

مرتب یا ناشر کی پیشگی اجازت کے بغیر اس کتاب کا کوئی بھی حصہ کسی بھی شکل میں بشمول ویب سائٹ پر
اَپ لوڈنگ کے لیے استعمال نہ کیا جائے۔ نیز اس کتاب پر کسی بھی قسم کے تنازع کو نمٹانے کا اختیار
صرف حیدرآباد (تلنگانہ) کی عدلیہ کو ہو گا۔

© تعمیر پبلی کیشنز

کتاب	:	**پیارے نبیؐ کی سیرتِ مبارک** (مضامین)
مرتب	:	**سید حیدرآبادی**
صنف	:	سیرت النبیؐ
ناشر	:	تعمیر پبلی کیشنز (حیدرآباد، انڈیا)
سالِ اشاعت	:	۲۰۲۴ء
صفحات	:	۹۴
سرورق ڈیزائن	:	تعمیر ویب ڈیزائن

فہرست

(۱)	حضرت محمد ﷺ : انسانیت کے لیے بہترین نمونہ	سعد امجد عباسی	6
(۲)	سرکارِ دو عالم ﷺ بہ حیثیت رحمۃ للعالمین	مولانا محمد نجیب قاسمی	11
(۳)	اسوۂ رسول ﷺ	حافظ عثمان علی	17
(۴)	حضرت محمد ﷺ کی بے مثال عظمت و محبوبیت	ڈاکٹر حافظ محمد ثانی	21
(۵)	عشق رسول ﷺ اہمیت، آداب، تقاضے	سفیان علی فاروقی	30
(۶)	انسانیت کے ساتھ محبت و ہمدردی اور سیرت رسول ﷺ	مفتی عبداللہ قاسمی	38
(۷)	سید البشر ﷺ کے اخلاق کریمانہ کی چند جھلکیاں	مولانا احمد علی لاہوریؒ	47
(۸)	حضور اکرم ﷺ کا عدل	مولانا سحبان محمودؒ	51
(۹)	نبی کریم ﷺ کی معاشرتی زندگی	سفیان علی فاروقی	56
(۱۰)	نبی اکرم ﷺ کی گھریلو زندگی	مفتی محمد راشد ڈسکوی	60
(۱۱)	ازدواجی زندگی اور اُسوۂ نبوی ﷺ	مولانا وسیم احمد خلیلی	74
(۱۲)	سیرت نبوی اور ہمارا طرزِ عمل	مولانا زاہد مکھیالوی	80
(۱۳)	نبی رحمت ﷺ ہندو مفکرین کی نظر میں	مولانا امداد الحق بختیار	86

حضرت محمد صلی اللہ علیہ وسلم: انسانیت کے لیے بہترین نمونہ

سعد امجد عباسی

انسانی فطرت وجبلت یہ ہے کہ اسے زندگی گزارنے کے لیے کسی نمونہ وآئیڈیل کی ضرورت ہوتی ہے، جس کے نقش قدم پر چل کر انسان ایک بہترین اور معیاری زندگی گزار سکے، تاکہ دنیا وآخرت میں کام یابی اس کے قدم چومے، اسی کام یابی کو حاصل کرنے کے لیے ہر شخص اپنے ذہن کے مطابق اپنا آئیڈیل ونمونہ بناتا ہے، اسی لیے کسی نے اپنا آئیڈیل ونمونہ جاہ وجلال والے کو تو کسی نے مال ودولت والے کو بنایا ہوا ہے، تو کوئی شان وشوکت والے کے نقش قدم پر چلنا چاہتا ہے، تو کوئی عہدہ دار کے، تو کسی نے فلمی ہیرو کو، تو کسی نے ناچ گانے والے کو آئیڈیل بنایا ہوا ہے، الغرض ہر شخص اپنی عقل وفہم کے مطابق آئیڈیل بناتا ہے اور اس کی اچھی اور بری خصلتوں کو اپنانے کی کوشش کرتا ہے، قطع نظر اس کے کہ اس کا فائدہ کس میں ہے اور نقصان کس میں ؟

آج امت مسلمہ کی مغلوبیت کا ایک سبب یہ بھی ہے کہ وہ مغربیت سے متاثر ہو کر انہیں اپنا آئیڈیل ونمونہ بنالیتے ہیں، جس کی وجہ سے لادینیت والحاد کو فروغ ملتا ہے، فحاشی وعریانی عام ہوتی ہے، باحیا بے حیائی کے مرتکب ہوتے ہیں، زنا وچوری جیسے جرائم عام ہو جاتے ہیں، دین سے کوسوں دور اور اللہ اور اس کے پیارے حبیب صلی اللہ علیہ وسلم کی کھلم کھلا نافرمانیاں ہوتی ہیں، حالاں کہ مسلمان صرف ان کی ایجادات کو دیکھ کر انہیں اپنا

آئیڈیل بناتے ہیں، لیکن دین متین سے لاعلمی کی وجہ سے تمام جرائم کا ارتکاب کرتے ہیں۔ اور ایسے کام کرتے ہیں جو سر سرا دین اسلام کے مخالف ہوتے ہیں، دین دشمن مسلمانوں کو ایثار وہم دردی، اخوت وبھائی چارگی اور محبت والفت کا فریب دے کر دین سے لاپرواکر دیتے ہیں۔ شاعر اس حقیقت کو شعر میں یوں بیان کرتے ہیں #

اپنے دین سے اگر دور نکل جاؤ گے

توغائب ہو جاؤ گے

افسانوں میں ڈھل جاؤ گے

اپنی ہی مٹی پر چلنے کا سلیقہ سیکھو

سنگ مرمر پر چلو گے تو پھسل جاؤ گے

ہر روز دیتا ہے سورج یہ منادی

کہ مغرب کی سمت جاؤ گے تو ڈوب جاؤ گے

اب اگر ہر صاحب عقل شخص غور وفکر کرے کہ ہمارے لیے بہترین نمونہ کس کی ذات ہے؟ تو وہ بخوبی جان لے گا کہ وہ ذات جسے اپنے بھی، غیر بھی، دوست بھی، دشمن بھی، چاہنے والے بھی، نہ چاہنے والے بھی، محبت رکھنے والے بھی، بغض وحسد رکھنے والے بھی... الغرض سب کے سب اسے صادق وامین کے لقب سے جانتے ہیں، جس کی زندگی پیار والفت، ایثار وہمدردی، شفقت ومہربانی، رحم وترحم اور جود وسخا جیسی اعلیٰ صفات سے مزین ہے۔ جی ہاں! میں آمنہ کے لختِ جگر، عبد اللہ کے در یتیم، امام الانبیاء، سید الکونین، ساقی کوثر، شافع محشر، آقا مدنی محمد صلی اللہ علیہ وسلم کی بات کر رہا ہوں، جو کل کائنات کے لیے بہترین نمونہ ہیں۔

اللہ رب العزت کا ارشاد ہے:

﴿لَقَدۡ کَانَ لَکُمۡ فِیۡ رَسُوۡلِ اللّٰہِ اُسۡوَۃٌ حَسَنَۃٌ﴾. (سورہ الاَحزاب، آیت:۲۱)

ترجمہ:" تحقیق تمہارے لیے رسول اللہ صلی اللہ علیہ وسلم کی زندگی بہترین نمونہ ہے۔"

آپ صلی اللہ علیہ وسلم کے تمام مکارم اخلاق، انداز اطاعت وعبادت، حالات جلوت وخلوت ، تمام اعمال واقوال اور تعلقات ومعاملات زندگی ہر قوم اور ہر طبقہ وجماعت اور فرد کے لیے، ہر زمانے اور ہر وقت میں بہترین نمونہ ومثال ہیں۔

چناں چہ آپ علیہ السلام کی مبارک جماعت (حضرات صحابہ کرام رضی اللہ عنہم) جن کی تطہیر وتزکیہ نفس اور تعلیم وترہیب آپ علیہ السلام نے کی، اللہ نے انہیں دنیا میں ہی جنت کا پروانہ عطا کرتے ہوئے ارشاد فرمایا:﴿رَّضِیَ اللّٰہُ عَنۡہُمۡ وَرَضُوۡا عَنۡہُ﴾. (سورہ توبہ، آیت:۱۰۰)

اس مبارک جماعت نے آپ صلی اللہ علیہ وسلم کی تمام صفات کو امت تک پہنچایا، آپ علیہ السلام کا اٹھنا، بیٹھنا، کھانا، پینا، سونا، جاگنا، چلنا، پھرنا، سفر وحضر، اجتماعیت وانفرادیت، جود سخا، حلم وعفو، قناعت وتوکل، دیانت وامانت، نرمی وشفقت، ایثار وتحمل، زہد وتقوی، رحم وترحم، خشیت الہی، رقت قلبی، فکر آخرت اور امور طبعی وانتظامی جیسی اعلیٰ صفات کو امت تک پہنچایا، تاکہ امت کا ہر ہر فرد وطبقہ ان صفات کو اپنا کر دنیا وآخرت میں کام یابی سے ہم کنار ہو سکے، کیوں کہ آپ علیہ السلام کی ذات بہترین نمونہ ہے اور آپ صلی اللہ علیہ وسلم کے طرز طریق پر ہی دونوں جہانوں کی کام یابی مضمر ہے۔

شاعر نے کیا خوب کہا#

نقش قدم نبی (علیہ السلام) کے ہیں جنت کے راستے
اللہ سے ملاتے ہیں سنت کے راستے

اسی لیے آپ علیہ السلام کی پیروی واطاعت اور نقش قدم پر چلنے والوں کے بارے میں اللہ تعالیٰ کا ارشاد ہے:﴿تِلْکَ حُدُودُ اللّٰہِ وَمَنْ یُطِعِ اللّٰہَ وَرَسُولَہُ یُدْخِلْہُ جَنَّاتٍ تَجْرِی مِن تَحْتِہَا الْأَنْہَارُ خَالِدِینَ فِیہَا وَذٰلِکَ الْفَوْزُ الْعَظِیمُ﴾.(سورہ النساء، آیت:۱۳)

ترجمہ:"جو شخص اللہ اور اس کے رسول کی اطاعت کرے گا، وہ (اللہ تعالیٰ) اس کو ایسے باغات میں داخل کرے گا جن کے نیچے نہریں بہتی ہوں گی، ایسے لوگ ہمیشہ ان (باغات) میں رہیں گے"۔(آسان ترجمہ قرآن)

یہ خوش خبری ان حضرات کے لیے ہے جو اللہ اور اس کے پیارے حبیب صلی اللہ علیہ وسلم کی اطاعت کریں گے اور اس کے برعکس جو اللہ اور اس کے رسول صلی اللہ علیہ وسلم کی راہ سے روگردانی کریں گے، ان کے بارے میں اللہ رب العزت کا ارشاد ہے :﴿وَمَنْ یَعْصِ اللّٰہَ وَرَسُولَہُ وَیَتَعَدَّ حُدُودَہُ یُدْخِلْہُ نَارًا خَالِدًا فِیہَا وَلَہُ عَذَابٌ مُّہِینٌ﴾.(النساء، آیت:۱۴)

ترجمہ:"اور جو شخص اللہ اور اس کے رسول کی نافرمانی کرے گا اور اس کی مقرر کی ہوئی حدود سے تجاوز کرے گا، اسے اللہ دوزخ میں داخل کرے گا، جس میں وہ ہمیشہ رہے گا اور اس کو ایسا عذاب ہوگا جو ذلیل کر کے رکھ دے گا۔"(آسان ترجمہ قرآن)

اب ہمارے اپنے اختیار میں ہے کہ اللہ تعالیٰ کی خوشنودی ورضا حاصل کر کے اور آپ صلی اللہ علیہ وسلم کی ذات کو نمونہ بنا کر آخرت میں بہترین ٹھکانے کا انتخاب کرتے ہیں یا اللہ رب العزت کی نافرمانی کر کے اور آپ علیہ السلام کے بہترین طریقوں سے کنارہ کشی کر کے آخرت میں بدترین ٹھکانے کا انتخاب کرتے ہیں۔

قارئین کرام!

خود انصاف کیجیے کہ کس کی ذات بہترین نمونہ وآئیڈیل ہے، وہ جس کی ذات بھی

عالی، جس کی صفات بھی عالی، جس کے اخلاق کریمانہ ہیں، جو پیکر شرم وحیا ہے، جو وفات کے وقت بھی امت کا درد دل میں رکھنے والا ہے، جس نے عدل وانصاف کا بول بالا کیا، جو یتیموں اور مسکینوں کا ماوی ہے، جو بے سہاروں کا سہارا، جو سید الکونین ہے، جو وجہ تخلیق کون ومکاں ہے اور جو رحمۃ العالمین ہے۔ صلی اللہ علیہ وسلم۔

یا وہ لوگ جو جاہ وجلال، شان وشوکت اور مال ودولت کے شوقین ہیں، جنہوں نے بے حیائی فحاشی وعریانی کو فروغ دیا، جنہوں نے امت کو تاریک گڑھوں میں اوندھے منہ گرا دیا اور اشرف المخلوقات کو غلامی کی صف میں لا کھڑا کیا ہے۔

﴿فَاعْتَبِرُوا يَا أُولِي الْأَبْصَارِ﴾

***

سرکارِ دوعالم صلی اللہ علیہ وسلم بہ حیثیت رحمۃ للعالمین

مولانا محمد نجیب قاسمی

سارے نبیوں کے سردار حضور اکرم صلی اللہ علیہ وسلم کی عظمت وفضیلت پر بہت کچھ لکھا گیا اور بولا گیا ہے اور جب تک دنیا باقی ہے، حضور اکرم صلی اللہ علیہ وسلم کے اوصاف حمیدہ بیان کیے جاتے رہیں گے۔ اللہ تعالیٰ کی آخری کتاب جسے اللہ تعالیٰ نے ۲۳سال کے عرصہ میں حضور اکرم صلی اللہ علیہ وسلم پر بذریعہ وحی نازل فرمائی، سرکار دوعالم صلی اللہ علیہ وسلم کے محاسن وفضائل اور کمالات کا ایک حسین وجمیل گل دستہ بھی ہے اور آپ صلی اللہ علیہ وسلم کے اخلاق عالیہ واوصاف حسنہ کا ایک خوب صورت اور صاف شفاف آئینہ بھی۔

قرآن کریم میں متعدد مقامات پر آپ صلی اللہ علیہ وسلم کا ذکر خیر موجود ہے، کہیں آپ کو اللہ کا رسول کہا گیا ہے، کہیں لوگوں کو خوش خبری سنانے والا اور ڈرانے والا بتایا گیا ہے، کہیں کہا گیا ہے کہ اے محمد (صلی اللہ علیہ وسلم) آپ کی رسالت پوری کائنات کے لیے ہے، کہیں کہا آپ صلی اللہ علیہ وسلم آخری نبی ہیں۔

غرض یہ کہ قرآن کریم میں آپ صلی اللہ علیہ وسلم کے بے شمار اوصاف بیان کیے گئے ہیں، مگر: ﴿وَمَا اَرْسَلْنٰکَ اِلَّا رَحْمَۃً لِّلْعٰلَمِیْنَ﴾ (سورۃ الانبیاء) کے ذریعے اللہ تعالیٰ نے آپ صلی اللہ علیہ وسلم کا ایک امتیازی وصف بیان کیا ہے۔ اور وہ ہے کہ ہم نے آپ صلی

اللہ علیہ وسلم کو دنیا جہاں کے لوگوں کے لیے رحمت بنا کر بھیجا۔ یعنی آپ صلی اللہ علیہ وسلم کی ذات سراپا رحمت ہے، نہ صرف اس زمانہ کے لیے جس میں آپ مبعوث ہوئے اور نہ صرف ان لوگوں کے لیے جن کے سامنے آپ مبعوث فرمائے گئے، بلکہ قیامت تک آنے والے تمام انسانوں کے لیے آپ صلی اللہ علیہ وسلم کو نبی رحمت، یعنی سراپا رحمت بنا کر بھیجا ہے۔

سیرت النبی کی کتابوں کے مطالعہ سے معلوم ہوتا ہے کہ آپ صلی اللہ علیہ وسلم نے کفار مکہ کے ہاتھوں کیا کچھ تکلیفیں اور اذیتیں نہ سہیں، لیکن کبھی نہ کسی کے لیے بد دعا فرمائی اور نہ کسی پر نزول عذاب کی تمنا کی، بلکہ اگر آپ صلی اللہ علیہ وسلم کو عذاب کا اختیار بھی دیا گیا، تب بھی از راہ رحمت و شفقت آپ صلی اللہ علیہ وسلم نے ہر تکلیف نظر انداز کی اور ظالموں سے درگزر کیا، حالاں کہ ان کا جرم کچھ کم نہیں تھا کہ وہ اللہ کے پیارے رسول صلی اللہ علیہ وسلم کو ایذا دینے کے گناہ میں مبتلا ہوئے تھے، ان پر اللہ تعالیٰ کا عذاب قہر بن کر نازل ہونا چاہیے تھا، لیکن آپ صلی اللہ علیہ وسلم نے ہمیشہ عفو و کرم سے کام لیا اور محض آپ کی صفت رحمت کے باعث وہ قہر خداوندی سے محفوظ رہے۔

سرکار دو عالم صلی اللہ علیہ وسلم کی شخصیت سراپا رحمت ہے، آپ صلی اللہ علیہ وسلم کی یہ خصوصیت آپ کی شخصیت کے ہر پہلو میں بہ تمام و کمال موجود ہے۔ آپ صلی اللہ علیہ وسلم اپنی گھریلو زندگی میں، گھر سے باہر کے معاملات میں، اپنوں اور غیروں کے ساتھ، بڑوں اور بچوں کے ساتھ، ایک ناصح مشفق اور ہم درد غم گسار کی حیثیت سے نمایاں نظر آتے ہیں۔

اللہ تعالیٰ نے آپ صلی اللہ علیہ وسلم کو رحمت سے معمور دل عطا فرمایا تھا، جو کمزوروں کے لیے تڑپ اٹھتا تھا، جو مسکینوں اور یتیموں کی حالت زار پر غم سے بھر جاتا

تھا۔ سارے جہاں کا درد آپ صلی اللہ علیہ وسلم کے دل میں سمٹ آیا تھا۔ یہاں تک کہ رحمت کا وصف آپ کی طبیعت ثانیہ بن گیا تھا، کیا چھوٹا، کیا بڑا، کیا اپنا، کیا پرایا، کیا مسلمان، کیا کافر... سب آپ صلی اللہ علیہ وسلم کے رحم وکرم سے بہرہ ور رہا کرتے تھے۔

آپ صلی اللہ علیہ وسلم کی بچوں پر شفقت

بچوں پر آپ صلی اللہ علیہ وسلم کی شفقت کا نظارہ قابل دید تھا، مدینہ منورہ کی گلیوں میں کوئی بچہ آپ کو کھیلتا کودتا نظر آتا تو آپ صلی اللہ علیہ وسلم خوشی میں اسے لپٹا لیا کرتے، اسے بوسے دیتے، اس کے ساتھ ہنسی مزاق کرتے، ایک مرتبہ آپ صلی اللہ علیہ وسلم اپنے نواسے حضرت حسنؓ کو پیار کر رہے تھے کہ ایک دیہاتی کو یہ منظر دیکھ کر بڑی حیرت ہوئی اور کہنے لگا کہ کیا آپ صلی اللہ علیہ وسلم اپنے بچوں کو پیار بھی کرتے ہو؟ ہم تو نہیں کرتے، آپ صلی اللہ علیہ وسلم نے ارشاد فرمایا: کیا اللہ تعالیٰ نے تمہارے دل سے رحمت کا جذبہ ختم کر دیا ہے؟ ایک مرتبہ آپ صلی اللہ علیہ وسلم اپنی نواسی امامہ بنت زینبؓ کو اٹھائے ہوئے نماز پڑھ رہے تھے، جب آپ صلی اللہ علیہ وسلم سجدے میں تشریف لے جاتے تو امامہ کو زمین پر بٹھا دیتے اور کھڑے ہوتے تو انہیں گود میں اٹھالیتے۔ اسی طرح ایک مرتبہ نماز کے دوران بچے کے رونے کی آواز سنی تو آپ صلی اللہ علیہ وسلم نے نماز مختصر کر دی، تاکہ بچے کو زیادہ تکلیف نہ ہو۔

آپ صلی اللہ علیہ وسلم نے خواتین کو معاشرہ میں عزت دی

عورتیں فطرتاً کمزور ہوتی ہیں، آپ صلی اللہ علیہ وسلم نے بار بار صحابہ کرامؓ کو تلقین فرمائی کہ وہ عورتوں کے ساتھ نرمی کا معاملہ کریں، اُن کی دل جوئی کریں، ان کی طرف سے پیش آنی والی ناگوار باتوں پر صبر و تحمل کا مظاہرہ کریں۔ ایک مرتبہ حضور اکرم صلی اللہ علیہ وسلم نے ارشاد فرمایا: خبر دار! عورتوں کے ساتھ حسن سلوک کرو، اس لیے کہ یہ

عورتیں تمہاری نگرانی میں ہیں۔

ایک مرتبہ لڑکیوں کی تعلیم و تربیت کے سلسلہ میں حضور اکرم صلی اللہ علیہ وسلم نے ارشاد فرمایا: جس شخص نے کسی لڑکی کی صحیح سرپرستی کی اور اس کی اچھی تربیت کی تو یہ لڑکی قیامت کے دن اس کے لیے دوزخ کی آگ سے رکاوٹ بن جائے گی۔

آپ صلی اللہ علیہ وسلم نے خود اپنے طرز عمل سے صحابہ کرامؓ کے سامنے خواتین کے ساتھ حسن سلوک کی اعلیٰ مثالیں قائم کیں۔ حضور اکرم صلی اللہ علیہ وسلم نے بیواوں سے نکاح کرکے دنیا کو یہ پیغام دیا کہ بیواوں کو تنہا نہ چھوڑو، بلکہ انہیں بھی اپنے معاشرہ میں عزت بخشو۔

آپ صلی اللہ علیہ وسلم نے خادموں اور نوکروں کا خیال رکھا

آپ صلی اللہ علیہ وسلم کو خادموں اور نوکروں کا بھی بڑا خیال تھا، چناں چہ آپ صلی اللہ علیہ وسلم نے ارشاد فرمایا کہ یہ خادم تمہارے بھائی ہیں، انہیں اللہ تعالیٰ نے تمہارا ماتحت بنا دیا ہے، اگر کسی کا بھائی اُس کا ماتحت بن جائے تو اُسے اپنے کھانے میں سے کچھ کھلائے، اسے ایسا لباس پہنائے، جیسا وہ خود پہنتا ہے، اس کی طاقت و ہمت سے زیادہ کام نہ لے، اگر کبھی کوئی سخت کام لے تو اُس کے ساتھ تعاون بھی کرے۔ اسی طرح حضور اکرم صلی اللہ علیہ وسلم کا ارشاد ہے کہ اگر تمہارا خادم یعنی نوکر چاکر تمہارے لیے کھانا بنا کر لائے تو اُسے اپنے ساتھ بٹھا کر کھلاؤ یا اُس کھانے میں سے اُسے کچھ دے دو، اس لیے کہ آگ کی تپش اور دھویں کی تکلیف تو اُس نے برداشت کی ہے۔

آپ صلی اللہ علیہ وسلم کی یتیموں سے بڑی ہم دردی تھی

یتیموں کے لیے بھی آپ صلی اللہ علیہ وسلم کے دل میں بڑی ہم دردی تھی، اس لیے آپ صحابہ کرامؓ کو یتیموں کی کفالت کرنے پر اکسایا کرتے تھے۔ ایک مرتبہ حضور

اکرم صلی اللہ علیہ وسلم نے ارشاد فرمایا: میں اور یتیم کی کفالت کرنے والا دونوں جنت میں اس طرح ہوں گے ، آپ صلی اللہ علیہ وسلم نے قربت بیان کرنے کے لیے بیچ اور شہادت کی انگلی سے اشارہ فرمایا۔ یعنی یتیم کی کفالت کرنے والا حضور اکرم صلی اللہ علیہ وسلم کے ساتھ جنت میں ہو گا۔

آپ صلی اللہ علیہ وسلم کا جانوروں پر رحم

آپ صلی اللہ علیہ وسلم کی رحمت کا دائرہ صرف انسانوں تک محدود نہ تھا، بلکہ بے زبان جانور بھی آپ صلی اللہ علیہ وسلم کی رحمت سے مستفید ہوتے تھے۔ احادیث میں ہے کہ ایک مرتبہ حضور اکرم صلی اللہ علیہ وسلم کسی انصاری صحابیؓ کے باغ میں تشریف لے گئے ، وہاں ایک اونٹ موجود تھا، آپ صلی اللہ علیہ وسم کو دیکھ کر اونٹ کی آنکھوں سے آنسو بہنے لگے۔ آپ صلی اللہ علیہ وسلم یہ منظر دیکھ کر اس اونٹ کے پاس تشریف لے گئے، اس کے بدن پر ہاتھ پھیرا، یہاں تک کہ وہ پر سکون ہو گیا۔

اس کے بعد آپ صلی اللہ علیہ وسلم نے دریافت کیا: اونٹ کس کا ہے؟ ایک انصاری نوجوان نے عرض کیا، یارسول اللہ !میرا ہے۔ آپ صلی اللہ علیہ وسلم نے اُن سے فرمایا کہ کیا تم اللہ سے نہیں ڈرتے جس نے تمہیں اس جانور کا مالک بنایا ہے؟ اس نے مجھ سے تمہاری شکایت کی ہے کہ تم اسے بھوکا رکھتے ہو اور اس سے زیادہ کام لیتے ہو۔ ایک مرتبہ آپ صلی اللہ علیہ وسلم نے ارشاد فرمایا کہ اللہ تعالیٰ نے ہر چیز کے ساتھ حسن سلوک کا حکم فرمایا ہے۔ اگر تم ذبح کرو تو اچھے طریقے پر ذبح کرو، ذبح کرنے سے پہلے اپنی چھری تیز کر لیا کرو، تا کہ جانور کو زیادہ تکلیف نہ ہو۔

آپ صلی اللہ علیہ وسلم کا عفو و کرم

مکی دور میں قریش مکہ نے آپ صلی اللہ علیہ وسلم کو کتنا ستایا، آپ صلی اللہ علیہ وسلم

اور آپ صلی اللہ علیہ وسلم کے صحابہؓ پر کتنے مظالم ڈھائے گئے یہاں تک کہ آپ کو اپنا وطن عزیز بھی چھوڑنا پڑا۔ اس سے بڑھ کر تکلیف دہ واقعہ انسان کے لیے کیا ہو سکتا ہے کہ وہ اپنے ہم وطنوں کے ظلم و ستم سے عاجز آکر، اپنا گھر بار سب کچھ چھوڑ کر، دیار غیر میں جاکر فروکش ہو جائے۔

اس کے باوجود جب چند سال بعد آپ صلی اللہ علیہ وسلم فاتحانہ مکہ مکرمہ میں داخل ہوئے تو عجز وانکساری سے آپ صلی اللہ علیہ وسلم کی گردن مبارک جھکی ہوئی تھی اور آپ صلی اللہ علیہ وسلم کی زبان مبارک پر یہ الفاظ تھے: تم پر آج کوئی گرفت نہیں ہے۔ حالاں کہ آپ صلی اللہ علیہ وسلم اُس دن چاہتے تو اپنے تمام دشمنوں سے گن گن کر بدلہ لے سکتے تھے، مگر آپ صلی اللہ علیہ وسلم نے انتقام پر عفو وکرم کو ترجیح دی اور فرمایا: آج رحمت کا دن ہے۔

یہ ایسا عظیم موضوع ہے کہ رحمۃ للعالمین صلی اللہ علیہ وسلم کے رحم وکرم اور شفقت پر دن رات بھی لکھا جائے تو اس موضوع کا حق ادا نہیں کیا جا سکتا۔ اللہ تعالیٰ ہمیں اپنی بیوی، بچے، گھر کے افراد اور گھر کے باہر لوگوں کے ساتھ ویسا ہی معاملہ کرنے والا بنائے جو رحمۃ للعالمین صلی اللہ علیہ وسلم نے اپنے قول و عمل سے قیامت تک آنے والے انسانوں کے لیے پیش فرمایا۔ (آمین)

***

اسوۂ رسول صلی اللہ علیہ وسلم

حافظ عثمان علی

رسولِ کائنات فخر موجودات محمد عربی صلی اللہ علیہ وسلم کو خالق ارض وسمانے نسل انسانی کے لیے نمونہ کاملہ اور اسوۂ حسنہ بنایا ہے اور آپ صلی اللہ علیہ وسلم کے طریقہ کو فطری قرار دیا ہے۔ محسن انسانیت صلی اللہ علیہ وسلم کے معمولات زندگی ہی قیامت تک کے لیے شعار ومعیار ہیں، یہی وجہ ہے کہ سیرۃ النبی صلی اللہ علیہ وسلم کا ہر گوشہ تاب ناک اور ہر پہلو روشن ہے، یومِ ولادت سے لے کر روزِ رحلت تک کے ہر ہر لمحہ کو قدرت نے لوگوں سے محفوظ کرا دیا ہے، آپ صلی اللہ علیہ وسلم کی ہر ادا کو آپ صلی اللہ علیہ وسلم کے متوالوں نے محفوظ رکھا ہے اور سند کے ساتھ تحقیقی طور پر ہم تک پہنچایا ہے۔

رسول اللہ صلی اللہ علیہ وسلم کی ولادت سے پہلے کے حالات وواقعات پر نظر ڈالی جائے تو معلوم ہوتا ہے کہ دنیا کی کوئی ایسی برائی نہ تھی جو اس وقت قوم عرب میں نہ پائی جاتی ہو۔ ایک دوسرے کے خون کے پیاسے، چھوٹی چھوٹی باتوں پر سالہا سال لڑائیاں چلتی رہتیں، شراب نوشی، بچیوں کو زندہ درگور کرنا، عورت کے ساتھ جانوروں جیسا سلوک کرنا، الغرض ہر برائی ان میں پائی جاتی تھی۔

جب اللہ کریم نے انہیں ظلمت وجہالت سے نکالنے کا فیصلہ کیا تو انہیں میں سے محمد بن عبد اللہ صلی اللہ علیہ وسلم کو اقوام عرب کی اصلاح کے لیے بطور نبی انتخاب فرمایا،

رسول اللہ صلی اللہ علیہ وسلم کی نبوت سے پہلے کی زندگی بھی ان لوگوں کے سامنے تھی، لوگ آپ کی ہر بات پر یقین کرتے تھے۔ جب نبوت کا دعویٰ کیا تو سب سے پہلے مخالف حضور صلی اللہ علیہ وسلم کا چچا ابو لہب ہوا۔

دوسری طرف حضور صلی اللہ علیہ وسلم کے ساتھ جن لوگوں نے آغازِ اسلام میں بھرپور تعاون کیا، اپنا سب کچھ اسلام پر نچھاور کیا اور اسلام کے محسن بن کر تاریخ میں زندہ جاوید ہوگئے ان میں خاتون اسلام سیدہ خدیجہ رضی اللہ عنہا کا اسم گرامی بہت نمایاں ہے۔ حضور صلی اللہ علیہ وسلم نے اپنی جوانی کے آغاز میں ان کے مالِ تجارت کو شراکت داری میں جس محنت اور دیانت وامانت سے ثمر بار کیا تھا اسی نے سیدہ کا دل موہ لیا تھا۔

آنحضرت صلی اللہ علیہ وسلم کے ساتھ عقد نکاح میں عہد وفا باندھنے کے وقت انتہائی خوش تھیں کہ عرب کا سب سے زیادہ دیانت دار شخص انہیں اپنی زوجیت میں لے رہا تھا۔ آنحضور صلی اللہ علیہ وسلم پہلی وحی کے بعد جب اپنے گھر میں آئے اور ساری کیفیت بیان کی تو سیدہ نے آپ کے جو محاسن بیان کیے ان میں آپ کی دیانت وامانت کا خصوصی تذکرہ کیا۔ انہوں نے کہا کہ ایسی اعلیٰ صفات کے حامل بندے کو اللہ ضائع نہیں کرے گا۔

نبی کریم صلی اللہ علیہ وسلم نے اپنے اخلاق حسنہ کی دولت سے تڑپتی انسانیت کی غم خواری کی، اپنے ازلی وابدی دشمنوں کو پتھر کے جواب میں گل دستہ پیش کیا، نفرت کے اندھیروں میں الفت ومحبت کی شمع روشن کی، آپسی تفرقہ بازی اور دائمی بغض وعداوت کی بیخ کنی کر کے بھائی چارگی اور الفت ومحبت کے چشمے بہائے، یہی نہیں بلکہ ذرا دو قدم آگے بڑھ کر فتح مکہ کی تاریخ کے اوراق پلٹ کر دیکھیے کہ آپ صلی اللہ علیہ وسلم مکہ میں فاتحانہ انداز میں داخل ہوتے ہیں، صحابہ کرام کی دس ہزار جمعیت آپ کے ساتھ ہے، صحابہ

اعلان کرتے ہیں:

"الیوم یوم الملحمۃ"

آج بدلے کا دن ہے، آج جوش انتقام کو سرد کرنے کا دن ہے، آج شمشیر وسناں کا دن ہے، آج گزشتہ مظالم کے زخموں پر مرہم رکھنے کا دن ہے۔ لیکن تاریخ شاہد ہے اور زمین وآسمان گواہی دیتے ہیں کہ ایسا کچھ نہیں ہوا، رحمت نبوی جوش میں آئی اور زبان رسالت کی صدائیں لوگوں کے کانوں سے ٹکراتی ہیں:

"لا تثریب علیکم الیوم، اذھبوا أنتم الطلقاء."

کہ جاؤ تم سب آزاد ہو، تم لوگوں سے کسی قسم کا بدلہ نہیں لیا جائے گا۔ یہ تھے آپ کے اخلاق کریمانہ، یہ تھے آپ کے اخلاق حسنہ کا اعلیٰ نمونہ!!! جس کی مثال دینے سے دنیا قاصر ہے۔

آپ صلی اللہ علیہ وسلم نے عالم انسانیت کو اخلاقیت کا وہ اعلیٰ نمونہ پیش کیا جس کی گواہی باری تعالیٰ قرآن مجید میں فرماتے ہیں:﴿انک لعلیٰ خلقٍ عظیم﴾

ایک جگہ خود نبی پاک صلی اللہ علیہ وسلم اپنی اخلاقیت کی گواہی دیتے ہوئے فرماتے ہیں:" اِنما بعثت لأتمم مکارم الأخلاق" مجھے تو اس لیے بھیجا گیا ہے تا کہ میں نیک خصلتوں اور مکارم اخلاق کی تکمیل کروں۔

اسی کو سراہتے ہوئے حضرت عائشہ صدیقہ رضی اللہ عنہا آپ کے اخلاق حسنہ کو یوں بیان کرتی ہیں:"کان خلقہ القرآن."

بے شک نبی پاک صلی اللہ علیہ وسلم کی زندگی اخلاق حسنہ سے بھری ہوئی ہے، جسے آج ہمیں اس نازک ترین حالات میں اپنانے کی ضرورت ہے، اس لیے ضرورت اس بات کی ہے کہ ہم اخلاق کی تعلیم دوسروں کو دیں اور خود بھی اس پر عمل پیرا ہوں اور نبی کریم

صلی اللہ علیہ وسلم کے طرز عمل پر اپنی زندگی کو سانچے میں ڈھالنے کی کوشش کریں، کیوں کہ نبی کریم صلی اللہ علیہ وسلم کے اخلاق حسنہ کو اپنانے کے بعد ہمارے لیے بھی اخلاقیت کی بلند اور دشوار گزار گھاٹی پر چڑھنا آسان ہو جائے گا۔ ان شاء اللہ

***

خاتم الانبیاء، حضرت محمد مُصطفیٰ صلی اللہ علیہ وسلم کی بے مثال عظمت و محبوبیت

ڈاکٹر حافظ محمد ثانی

سیّدِ عرب و عجم، ہادیِ اعظم، حضرت محمّد صلی اللہ علیہ وسلمکی شخصیت و سیرتِ عظمیٰ ازل سے ابد تک زمان و مکاں کا احاطہ کیے ہوئے ہے۔ کائنات کی ہر شے رسالتِ مآب صلی اللہ علیہ وسلم کی نبوّت و رسالت کے بے کراں جلال و جمال کی گرفت میں ہے۔ کائنات کا ذرّہ ذرّہ سرکارِ دوجہاں، رحمۃ للعالمین، سیّد المرسلین صلی اللہ علیہ وسلم کی مدحت و رفعت کا شاہد ہے: ﴿ اِنّا اعطیناک الکوثر ﴾ اور ﴿ ورفعنا لک ذِکرک ﴾ کی دل آویز صداؤں سے زمین و آسمان گونج رہے ہیں۔ سرورِ کائنات صلی اللہ علیہ وسلم کا نامِ نامی، اسمِ گرامی محمّد رسول اللہ اور آپ صلی اللہ علیہ وسلم کا ذکر اِتنا بلند ہوا کہ کون و مکاں کی ساری رفعتیں اور تمام بلندیاں اس اسمِ مقدّس اور اِس عظیم ہستی کے سامنے پَست ہو کر رہ گئیں۔ فرشِ زمیں سے عرشِ بریں تک سب اُن کے ذکرِ مبارک سے معمور ہیں۔ یہ رتبہ بلند کُل کائنات میں آپ صلی اللہ علیہ وسلم کے سِوا نہ کسی اور کو نصیب ہوا اور نہ ہو گا۔ اس ابدی حقیقت کی ترجمانی کرتے ہوئے سیّد صبیح رحمانی کیا خُوب کہتے ہیں #

کوئی مثل مصطفیٰ صلی اللہ علیہ وسلم کا کبھی تھا نہ ہے نہ ہو گا
کسی اور کا یہ رتبہ کبھی تھا، نہ ہے، نہ ہو گا

مشہور مفسّرِ قرآن، علّامہ سیّد محمود آلوسی قرآنِ کریم کی آیتِ مبارکہ ﴿ ورفعنا لک ذِکرک ﴾ کی تفسیر میں لکھتے ہیں،:س سے بڑھ کر آپ صلی اللہ علیہ وسلم کی عظمت و رفعت، آپ صلی اللہ علیہ وسلم کی سیرتِ عظمیٰ اور نامِ نامی کی بلندی کیا ہوگی کہ کلمہ شہادت میں اللہ تعالیٰ نے اپنے نامِ نامی کے ساتھ اپنے محبوب صلی اللہ علیہ وسلم کا نام ملادیا، حضور اکرم صلی اللہ علیہ وسلمکی اطاعت کو اپنی اطاعت قرار دیا، ملائکہ کے ساتھ آپ صلی اللہ علیہ وسلم پر درود بھیجااور اہلِ ایمان کو آپ صلی اللہ علیہ وسلم پر درود بھیجنے کا حکم دیااور جب بھی خطاب کیا، معزّز القابات سے مخاطب فرمایا۔ گزشتہ آسمانی صحیفوں میں بھی آپ صلی اللہ علیہ وسلم کا ذکرِ خیر فرمایا۔ تمام انبیائے کرام صلی اللہ علیہم وسلم اور اُن کی اُمّتوں سے عہد لیا کہ وہ آپ صلی اللہ علیہ وسلم پر ایمان لائیں گے۔

آج کرّہ ارض پر آباد کوئی خطّہ زمین ایسا نہیں، جہاں شب و روز سرورِ دوعالم، حضرت محمدّ صلی اللہ علیہ وسلم کی رسالت کا اعلان نہ ہو رہا ہو۔ ۲۴ گھنٹوں کے ۱۴۴۰ منٹس میں زمین کے کسی نہ کسی کونے اور دنیا کی آبادی کے کسی نہ کسی گوشے میں اذان کی آواز ضرور سُنائی دیتی ہے۔ چوں کہ اذان میں خالقِ کائنات کے نام کے ساتھ سرورِ کائنات صلی اللہ علیہ وسلم کا نامِ نامی بھی بلند ہو رہا ہے، تو اسمِ محمدّ صلی اللہ علیہ وسلم کی عظمت و رفعت اس سے بھی نمایاں ہے کہ جب تک کرّہ ارض پر اذان کی آواز گونجتی رہے گی، اللہ کے نام کے ساتھ اس کے محبوب پیغمبر، سیّدنا حضرت محمدّ صلی اللہ علیہ وسلم کا نامِ نامی بھی پوری آب و تاب کے ساتھ سماعتوں میں رَس گھولتا رہے گا۔

لادینیت کے اِس دَور میں بھی آپ صلی اللہ علیہ وسلم کے دینِ متین کی تبلیغ اور آپ صلی اللہ علیہ وسلم کی سیرت و پیغام عام کرنے کی کوششیں پورے خلوص کے ساتھ جاری ہیں۔ آپ صلی اللہ علیہ وسلم کا اسمِ گرامی لے کر، آپ صلی اللہ علیہ وسلم کا ذکرِ خیر

کر کے اور آپ صلی اللہ علیہ وسلم کے محاسن سُن کر کروڑوں دِلوں کو جو سرور اور فرحت نصیب ہوتی ہے، اس کا جواب نہیں۔ اپنے تو رہے ایک طرف، بیگانوں اور متعصّب مخالفین کا بھی بار گاہِ رسالت صلی اللہ علیہ وسلم میں خراجِ عقیدت پیش کیے بغیر چارہ نہ رہا۔ اگر آپ اُن حالات کو پیشِ نظر رکھیں، جن میں یہ آیت نازل ہوئی اور پھر اِس آیت کو پڑھیں، تو پڑھنے کا لُطف دوچند ہو جائے گا۔ کفر و شرک کی تاریکیوں میں ڈوبی پوری دنیا مخالف ہے، مکّے کے نام وَر سردار چراغِ مصطفوی صلی اللہ علیہ وسلم بجھانے کے درپے ہیں۔

اِن حالات میں یہ آیت نازل ہوئی۔ کون تصوّر کر سکتا تھا کہ مکّے کے اِس یتیم صلی اللہ علیہ وسلم کا ذکرِ پاک دنیا کے گوشے گوشے میں بلند ہو گا، آپ صلی اللہ علیہ وسلم کے دین کی روشنی سے مہذّب دنیا کا بہت بڑا علاقہ منوّر ہو گا اور کروڑوں انسان آپ صلی اللہ علیہ وسلم کے نام پر جان دینے کو اپنے لیے باعثِ صد افتخار و سعادت سمجھیں گے، لیکن جو وعدہ ربّ العالمین نے اپنے محبوب رسول اور برگزیدہ بندے، حضرت محمدّ صلی اللہ علیہ وسلم سے کیا تھا، وہ پورا ہو کر رہا اور قیامت تک ذکرِ محمد صلی اللہ علیہ وسلم کا آفتاب، عالم تاب ضوفشانیاں کرتا رہے گا۔ مولانا عبد الماجد دریابادی لکھتے ہیں:"آخر خالقِ کائنات کے نام کے ساتھ جس کا نام زبانوں پر آتا ہے، اللہ کے ذکر کے ساتھ جس بندے کا ذکر کانوں تک پہنچتا ہے، وہ کسی قیصر و کسریٰ کا نہیں، دنیا کے کسی شاعر و ادیب کا نہیں، کسی حکیم و فلسفی کا نہیں، کسی جنرل اور سردار کا نہیں، کسی گیانی اور کسی راہب کا نہیں، کسی رشی کا نہیں، یہاں تک کہ کسی دوسرے پیغمبر کا بھی نہیں، بلکہ عبد اللہ کے لختِ جگر، آمنہ کے نورِ نظر، خاکِ بطحیٰ کے اسی اُمّی و یتیم کا۔"

کشمیر کے سبزہ زار میں، دکن کی پہاڑیوں میں، افغانستان کی بلندیوں میں، ہمالیہ کی

چوٹیوں میں، گنگا کی وادیوں میں، چین میں، جاپان میں، جاوا میں، برما میں، روس میں، مِصر میں، ایران میں، عراق میں، فلسطین و عرب کی پوری سرزمین میں، تُرکی میں، نجد میں، یمن میں، مراکش میں، طرابلس میں، ہندوستان کے گاؤں گاؤں میں، لندن، پیرس اور برلن کی آبادیوں میں ہر سال نہیں، ہر ماہ نہیں، ہر روز پانچ پانچ مرتبہ بلند و بالا میناروں سے جس نام کی پکار خالق کے نام کے ساتھ فضا میں گونجتی ہے، وہ اسی عظیم اور مقدّس ہستی کا ہے، جسے بصیرت سے محروم دنیا نے ایک زمانے میں محض ایک بے کس و یتیم کی حیثیت سے جانا تھا، یہ معنٰی ہیں، یتیم کے راج کے، یہ تفسیر ہے ورفعنالک ذِکرک کی۔ کسی ایک صوبے پر، کسی ایک جزیرے پر نہیں، دنیا پر، دنیا کے دِلوں پر آج حکومت ہے، تو اسی یتیم صلی اللہ علیہ وسلم کی، راج ہے تو اسی امّی صلی اللہ علیہ وسلم کا۔

صحابیِ رسول صلی اللہ علیہ وسلم، حضرت ابو سعید خدریؓ سے روایت ہے کہ رسول اللہ صلی اللہ علیہ وسلم نے فرمایا، جبرائیل امین علیہ السلام میرے پاس آئے اور مجھ سے کہا، میرا اور آپ صلی اللہ علیہ وسلم کا ربّ مجھ سے سوال کرتا ہے کہ مَیں نے کس طرح آپ صلی اللہ علیہ وسلم کا ذکر بلند کیا؟

مَیں نے عرض کیا، اللہ ہی بہتر جانتا ہے۔ اُنہوں نے کہا کہ اللہ تعالیٰ کا ارشاد ہے کہ جب میرا ذکر کیا جائے گا، تو میرے ساتھ آپ صلی اللہ علیہ وسلم کا بھی ذکر کیا جائے گا۔ تکبیر میں، کلمے میں، نمازوں میں، اذان میں ہے نامِ الٰہی سے ملا نامِ محمد صلی اللہ علیہ وسلم۔

آج زمان و مکاں کا وہ کون سا گوشہ، وہ کون سی ساعت، وہ کون سا لمحہ ہے، جو ذکرِ حبیب صلی اللہ علیہ وسلم سے خالی ہے، اس عالم شش جہات کے گوشے گوشے میں، گردشِ زمین کے ساتھ ساتھ ہر اذان میں، ہمہ وقت آپ صلی اللہ علیہ وسلم کا نامِ نامی بلند

ہو رہا ہے۔ بلند و بالا میناروں سے سرورِ کائنات صلی اللہ علیہ وسلم کا اسمِ گرامی خالقِ کائنات کے نامِ نامی کے ساتھ پکارا جا رہا ہے۔ دشت و جبل، صحرا و دریا، بحر و بر، شہروں اور دیہات، آبادیوں اور ویرانوں، سمندروں اور پہاڑوں، وادیوں اور گھاٹیوں میں ہمہ وقت آپ صلی اللہ علیہ وسلم کے نامِ نامی محمدؐ رسول اللہ صلی اللہ علیہ وسلم کی پکار ہے۔ دنیا کا گوشہ گوشہ اور کرّہ ارض کا چپّہ چپّہ، سیّدِ عرب و عجم، ہادیٔ عالم، حضرت محمدؐ صلی اللہ علیہ وسلم کے نامِ مبارک کی پکار سے گونج رہا ہے۔ ورفعنا لک ذکرک بلندی ذکر کی یہ وہ تفسیر ہے، جو اوراقِ لیل و نہار پر ۱۴ سو سال سے ثبت چلی آ رہی ہے۔ چشمِ روزگار اسے صدیوں سے پڑھتی چلی آ رہی ہے۔ اقبال کیا خُوب کہتے ہیں #

خیمہ افلاک کا استادہ اِسی نام سے ہے
نبضِ ہستی تپش آمادہ اِسی نام سے ہے
دشت میں، دامنِ کہسار میں، میدان میں ہے
بحر میں، موج کی آغوش میں، طوفان میں ہے
چین کے شہر، مراکش کے بیابان میں ہے
اور پوشیدہ مسلمان کے ایمان میں ہے
چشمِ اقوام یہ نظّارہ ابد تک دیکھے
رفعتِ شانِ ورفعنا لک ذکرک دیکھے

سرکارِ دو جہاں صلی اللہ علیہ وسلم کی سیرتِ طیبہ اور حیاتِ مقدسہ کا یہ تاریخی اور ابدی اعجاز ہے کہ اپنے اور بے گانے، مسلم اور غیر مسلم سب ہی آپ صلی اللہ علیہ وسلم کے ثناخواں اور آپ صلی اللہ علیہ وسلم کی عظمت و رفعت کے معترف نظر آتے ہیں۔ مسلمانوں کو تو اِس وقت چھوڑ دیجیے کہ ان کا تو دین و ایمان ہی رسول اللہ، حضرت محمدؐ

مصطفی صلی اللہ علیہ وسلم کی اطاعت و محبّت میں مضمر ہے، غیروں اور غیر مسلموں کے کیمپ میں آیئے، وہ بھی آپ صلی اللہ علیہ وسلم کی شخصی عظمت اور رفعت کے قائل نظر آتے ہیں۔ معروف ہندو شاعر، منوہر لال دل کہتے ہیں #

کیا دل سے بیاں ہو ترے اخلاق کی توصیف
عالَم ہو امدّاح ترے لُطف و کرم کا

ڈاکٹر میخائل ایچ ہارٹ، مشہور امریکی ماہرِ فلکیات اور عیسائی مورّخ ہیں، اُنہوں نے اور اُن کی اعلیٰ تعلیم یافتہ بیوی نے دنیا کی نام وَر اور مشہور شخصیات کی سیرت و سوانح کا مطالعہ کیا، اس مطالعے کا حاصل اُنہوں نے ۵۷۲ صفحات کی ایک انگریزی کتاب:

"The 100 A-ranking of the Most Influential Persons in history "

کی صُورت دنیا کے سامنے پیش کیا۔ اس کتاب نے عالمی سطح پر شہرت پائی، دنیا کی کئی زبانوں میں ترجمہ ہوا اور متعدّد ایڈیشنز شائع ہوئے۔

اِس کتاب میں سرکارِ دوجہاں، حضرت محمدؐ مصطفی صلی اللہ علیہ وسلم کو سرِفہرست رکھا گیا ہے، کیوں کہ مصنّف کے مطالعے کے مطابق، آپ صلی اللہ علیہ وسلم دنیا کے سب سے عظیم، منفرد اور انسانی تاریخ کے نمایاں ترین انسان ہیں۔ ہارٹ میخائل لکھتا ہے، قارئین میں سے ممکن ہے کہ کچھ لوگوں کو تعجب ہو کہ مَیں نے دنیا جہاں کی موثر ترین شخصیات میں محمد صلی اللہ علیہ وسلم کو سرِفہرست کیوں رکھا ہے؟ اور وہ مجھ سے اس کی وجہ طلب کریں گے، حالاں کہ یہ ایک تاریخی حقیقت ہے کہ صرف وہی ایک عظیم انسان تھے، جو دینی اور دنیوی اعتبار سے غیر معمولی طور پر کام یاب و کام ران اور سرفراز ٹھہرے۔

موصوف مزید رقم طراز ہیں:

میرا یہ انتخاب کہ محمدؐ صلی اللہ علیہ وسلم دنیا کی تمام انتہائی باثر شخصیتوں میں سرفہرست ہیں، کچھ قارئین کو اچنبھے میں ڈال سکتا ہے، کچھ اس پر معترض ہوسکتے ہیں، مگر یہ حقیقت ہے کہ محمد صلی اللہ علیہ وسلم تاریخ کے واحد شخص ہیں، جنہوں نے ایک عظیم ترین مذہب کی بنیاد رکھی اور اس کی اشاعت کی، ان کے وصال کے ۱۴ سو سال بعد آج بھی ان کے اثرات غالب اور طاقت ور ہیں۔ مشہور مغربی مصنّف، ای ڈر منگھم سیرتِ طیبہ پر اپنی کتاب "Life of Muhammad" میں اعترافِ حقیقت کے طور پر لکھتا ہے: محمدؐ صلی اللہ علیہ وسلم اِس اعتبار سے دنیا کے وہ واحد پیغمبر ہیں، جن کی زندگی ایک کھلی کتاب کی طرح ہے، اُن کی زندگی کا کوئی گوشہ مخفی نہیں، بلکہ روشن اور منوّر ہے۔ مہارانی آرٹس کالج میسور (بھارت) کے پروفیسر راما کرشنا راؤ اپنی کتاب محمدؐ صلی اللہ علیہ وسلم، دی پرافٹ آف اسلام میں لکھتے ہیں: محمدؐ صلی اللہ علیہ وسلم میرے نزدیک ایک عظیم مفکّر ہیں۔ تمام اعلیٰ اور تمام انسانی سرگرمیوں میں آپ صلی اللہ علیہ وسلم ہیرو کی مانند ہیں۔

۲۰ ویں صدی کے اوائل ۱۹۱۱ء میں بیروت کے مسیحی اخبار الوطن نے دنیا کے سامنے یہ سوال پیش کیا تھا کہ دنیا کا سب سے عظیم انسان کون ہے؟ اس کے جواب میں ایک عیسائی دانش وَر، داور مجاعص نے لکھا، دنیا کا سب سے عظیم انسان وہ ہے، جس نے دس برس (مدنی زندگی) کے مختصر عرصے میں ایک عظیم مذہب، ایک نئے فلسفے، ایک نئی شریعت اور ایک نئے تمدّن کی بنیاد رکھی، جنگ کا قانون بدل دیا، ایک نئی قوم پیدا کی، ایک نئی طویل العمر سلطنت قائم کی، ان تمام کارناموں کے باوجود یہ عظیم انسان اُمّی اور ناخواندہ تھا، وہ کون؟

محمدؐ بن عبد اللہ قریشی۔ اسلام کے پیغمبر صلی اللہ علیہ وسلم۔

۲۱ویں صدی کے آغاز میں رابطہ عالمِ اسلامی، مکّہ مکرمہ نے اپنے مشہور ہفت روزہ عربی جریدہ "العالم الاسلامی" ۲۸ ربیع الاوّل ۱۴۲۱ھ ۳۰ جون ۲۰۰۰ء میں ایک اہم خبر انٹرنیٹ سے متعلق شائع کی کہ کمپیوٹر سافٹ ویئر تیار کرنے والی دنیا کی مشہور کمپنی "Microsoft" نے الفِ ثالث یعنی تیسرے ہزاریے ((Millennium کے موقعے پر انٹرنیٹ پر دنیا کے سامنے یہ سوال پیش کیا کہ دنیا کی وہ عظیم ترین شخصیت کون ہے، جس نے اپنے فکر و عمل سے انسانی تاریخ اور انسانی زندگی پر گہرے نقوش ثبت کیے اور دنیائے انسانیت اس کی فکر و اثر سے زیادہ متاثر ہوئی؟

کمپنی نے رائے دہی اور شخصیت کے انتخاب کے لیے امیدوار کے طور پر ۱۷ شخصیات کے نام ذکر کیے تھے، جن میں انبیائے کرام میں حضرت موسیٰ علیہ السلام اور حضرت عیسیٰ علیہ السلام کے ساتھ سیّد المرسلین، خاتم النبیّین صلی اللہ علیہ وسلم کا نامِ نامی بھی شامل تھا۔ سوال کے جواب میں ناظرین نے اپنے علم، مطالعے، معلومات، انسانی تاریخ اور انسانی تہذیب و تمدّن کے تجزیے کی روشنی میں اپنی اپنی رائے انٹرنیٹ پر پیش کی کہ انسانی تاریخ کی وہ عظیم ترین اور بااثر شخصیت جس نے اپنی فکری، عملی اور اخلاقی قوّت سے دنیا میں ایک عظیم اور مثالی انقلاب برپا کیا اور انسانی فکر و تاریخ کا دھارا موڑ کر سسکتی اور بلکتی انسانیت کو سعادت و فلاح کی راہ پر گام زن کیا، وہ پیغمبرِ اسلام، سرورِ کائنات، حضرت محمدؐ مصطفی صلی اللہ علیہ وسلم کی ذات بابرکات ہے۔

یہ حقیقت پیشِ نظر رہے کہ انٹرنیٹ پر رائے دہندگان میں غالب اکثریت مغرب کی مسیحی دنیا پر مشتمل تھی، جس نے رسول اللہ صلی اللہ علیہ وسلم کی ذاتِ گرامی کو نہ صرف ۲۱ویں صدی، بلکہ ہر صدی کا ہیرو اور عظیم انسان قرار دیا۔ سرکارِ دوجہاں صلی

اللہ علیہ وسلم کی مدحت ، رفعت اور تعریف کا یہ وہ مثالی اور تاریخ ساز پہلو ہے، جس کی روشنی میں اجالا بڑھتا ہی جارہا ہے۔ آپ صلی اللہ علیہ وسلم کے ذکر مبارک سے دنیا روشن اور آپ صلی اللہ علیہ وسلم کے دین و تعلیمات کے نور سے انسانیت منوّر ہوتی جارہی ہے۔

ان تمام باتوں کے باوجود یہ بھی ایک ابدی اور تاریخی حقیقت ہے کہ #

لا یمکن الثناء کما کان حقّہ

بعد از خدا بزرگ توئی قصّہ مختصر !

***

عشق رسول صلی اللہ علیہ وسلم اہمیت، آداب، تقاضے

سفیان علی فاروقی

آج کل ہم سب کا دعویٰ ہے کہ ہم میں سے ہر ایک اتنا سچا عاشق رسول صلی اللہ علیہ وسلم ہے کہ اس سے بڑھ کر اور اس سے زیادہ عاشق رسول دنیا میں کوئی بھی نہیں، لیکن یہ ایک تلخ حقیقت ہے کہ ہماری زندگی کا ۸۰ فیصد حصہ نبی کریم صلی اللہ علیہ وسلم کی تعلیمات اور احکامات کی پیروی سے یکسر خالی ہے (اور یہ عشق رسول صلی اللہ علیہ وسلم کی انوکھی قسم ہے)۔

ہم عاشق رسول صلی اللہ علیہ وسلم ہیں، لیکن ہم نے پنج وقتہ نماز نہیں پڑھنی، ہم عاشق رسول صلی اللہ علیہ وسلم ہیں لیکن ہم نے اپنی شادیاں ہندوانہ رسم و رواج اور انگریزوں کی پیروی کرتے ہوئے کرنی ہیں، ہم عاشق رسول صلی اللہ علیہ وسلم ہیں، لیکن ہمارے غمگین لمحات نفسانی خواہشات کی پیروی پر گزرتے ہیں۔ ہم عاشق رسول صلی اللہ علیہ وسلم ہیں، لیکن ہماری معاشرتی زندگی سیرۃ النبی صلی اللہ علیہ وسلم سے کوسوں دور ہے۔ ہم عاشق رسول صلی اللہ علیہ وسلم ہیں، لیکن ہمارا کاروبار احکامات نبوی سے یکسر مختلف ہے، ہم عاشق رسول صلی اللہ علیہ وسلم ہیں لیکن ہمارے بچوں کا آئیڈیل انگریز ہے، ہم عاشق رسول صلی اللہ علیہ وسلم ہیں، لیکن زندگی یورپ کی جینا چاہتے ہیں، ہم عاشق رسول صلی اللہ علیہ وسلم ہیں، لیکن والدین، بہن بھائیوں، عزیز و اقارب کے حقوق

کے معاملے میں نبوی احکامات کے بالکل خلاف چل رہے ہیں، ہم عاشق رسول صلی اللہ علیہ وسلم ہیں، لیکن ہماری عملی زندگی میں سیرت کی کوئی جھلک نظر نہیں آتی، سو عشق کا دعویٰ کرنا اور سچا عاشق بننا دو بالکل مختلف چیزیں ہیں اور حقیقتاً ہم عشق کے دعوے دار تو ہیں، لیکن سچے عاشق نہیں ہیں۔

عشق رسول صلی اللہ علیہ وسلم کی اہمیت

ایک مسلمان اس وقت تک کامل مسلمان نہیں ہو سکتا جب تک اس کا عشق رسول صلی اللہ علیہ وسلم کامل نہ ہو، یعنی آپ صلی اللہ علیہ وسلم کی ہر ہر ادا، ہر ہر قول اور ہر ہر عمل سے سچا عشق نہ ہو، زندگی کے ہر معاملے میں سب سے پہلے نبوی طرز عمل کو ڈھونڈے، جی جان سے اس پر عمل کی کوشش کرے، احکامات نبوی کے مطابق زندگی کے شب و روز گزارنے کی جدوجہد کرے، اپنے معاملات، معاشرت، لین دین، خوشی و غمی ہر چیز احکامات نبوی صلی اللہ علیہ وسلم کے تابع کردے۔ یہی ہر مسلمان سے تقاضا ہے، یہی اس کی زندگی کا منہج و مقصد ہے، اسی چیز پر زندگی گزارنے کا حکم دیا گیا ہے۔ چناں چہ قرآن پاک میں ارشاد ربانی ہے کہ:

﴿وَمَا كَانَ لِمُؤْمِنٍ وَلَا مُؤْمِنَةٍ إِذَا قَضَى اللَّهُ وَرَسُولُهُ أَمْرًا أَن يَكُونَ لَهُمُ الْخِيَرَةُ مِنْ أَمْرِهِمْ وَمَن يَعْصِ اللَّهَ وَرَسُولَهُ فَقَدْ ضَلَّ ضَلَالًا مُّبِينًا﴾. (سورۃ الاحزاب:۳۶)

کسی مومن مرد اور عورت کو یہ حق نہیں کہ جب اللہ اور اس کے رسول صلی اللہ علیہ وسلم کسی معاملے کا فیصلہ کردیں تو ان کے اپنے معاملے میں اختیار باقی رہ جائے اور جو کوئی اللہ ورسول صلی اللہ علیہ وسلم کی نافرمانی کرے، وہ صریح گم راہی میں پڑ گیا۔

سورۃ الحشر، میں ارشادِ الٰہی ہے:

﴿وَمَا آتَاكُمُ الرَّسُولُ فَخُذُوهُ وَمَا نَهَاكُمْ عَنْهُ فَانتَهُوا وَاتَّقُوا اللَّهَ إِنَّ اللَّهَ شَدِيدُ

الْعِقَابِ﴾. (سورۃ الحشر:۷)

جو کچھ رسول تمہیں دیں، وہ لے لو اور جس چیز سے تمہیں روک دیں، اس سے رک جاو اور اللہ سے ڈر جاو، وہ شدید عذاب دینے والا ہے۔ آپ صلی اللہ علیہ وسلم ارشاد فرماتے ہیں

"لایؤمن احدکم حتی یکون ہواہ تبعالماجئت بہ."

تم میں سے کوئی شخص اس وقت تک مومن نہیں ہو سکتا جب تک کہ اپنی خواہشات کو میری لائی ہوئی شریعت کے تابع نہ کر دے۔ (مشکوٰۃ:۱۶۷)

عشق رسول صلی اللہ علیہ وسلم کے آداب

ادب پہلا قرینہ ہے محبت کے قرینوں میں

وہ عشق ہی کیا، جس میں ادب آداب کا لحاظ نہ ہو، چناں چہ تاریخ کی کتابوں میں ایک مشہور واقعہ درج ہے، بادشاہ ناصر الدین محمود کے ایک خاص مصاحب کا نام محمد تھا، بادشاہ اس کو اسی نام سے پکارا کرتا تھا، ایک دن خلاف معمول اسے تاج الدین کہہ کر آواز دی، وہ تعمیل حکم میں حاضر تو ہو گیا، لیکن بعد میں گھر جا کر تین دن تک نہیں آیا، بادشاہ نے بلاوا بھیجا، تین روز تک غائب رہنے کی وجہ دریافت کی تو اس نے کہا: آپ ہمیشہ مجھے محمد کے نام سے پکارا کرتے تھے، لیکن اس دن آپ نے تاج الدین کہہ کر پکارا، میں سمجھا میرے متعلق آپ کے دل میں کوئی خلش پیدا ہو گئی ہے، اس لیے تین دن تک حاضر خدمت نہیں ہوا، ناصر الدین نے کہا واللہ! میرے دل میں آپ کے متعلق کسی قسم کی کوئی خلش نہیں، تاج الدین کے نام سے تو میں نے اس لیے پکارا تھا کہ اس دن میرا وضو نہیں تھا اور مجھے محمد کا مقدس نام بغیر وضو کے لینا مناسب معلوم نہیں ہوا۔

اسی طرح ہمارے محدثین کا الحمدللہ معمول رہا ہے کہ جب بھی کوئی حدیث نقل

کرنے لگتے ہیں تو باقاعدہ اہتمام کے ساتھ، آداب کے ساتھ، باوضو ہو کر، حدیث کو نقل کرتے ہیں، ہم نے اپنے بڑوں کو دیکھا ہے کہ وہ کسی ایسی بات کو نبی کریم صلی اللہ علیہ وسلم کی طرف منسوب نہیں کرتے جس کے متعلق انہیں علم نہ ہو کہ واقعی میں آپ صلی اللہ علیہ وسلم نے ہی فرمائی ہے، کیوں کہ کوئی بھی ایسی بات جو آپ صلی اللہ علیہ وسلم نے نہ فرمائی ہو اسے آپ صلی اللہ علیہ وسلم کی طرف منسوب کرنا انتہا درجے کی بے ادبی ہے، یہ بھی انتہا درجے کی بے ادبی ہے کہ کسی ایسے شخص کو گستاخ رسول قرار دینا جس نے گستاخی نہ کی ہو، یہ بھی انتہا درجے کی بے ادبی ہے کہ آپ صلی اللہ علیہ وسلم کا نام نامی آئے اور ہم درود و سلام نہ پڑھیں، یہ بھی بے ادبی ہے کہ ایک معاملے میں نبی کریم صلی اللہ علیہ وسلم کا طرز عمل موجود ہو اور ہم اس کو چھوڑ کر کوئی دوسرا طرز عمل اختیار کریں۔ ادب یہ ہے کہ اپنی سوچ، فکر، فہم، رسم ورواج سب کچھ نبی کریم صلی اللہ علیہ وسلم کی تعلیمات کے تابع کرلیں، ساری محبتیں اس ایک محبت پر قربان کردیں۔

صحابہ کرامؓ نے دنیا کی تمام چیزوں کی محبت کو رسول اللہ صلی اللہ علیہ وسلم کی محبت پر قربان کردیا تھا، آپ صلی اللہ علیہ وسلم کی محبت میں ماں باپ، بہن بھائی، رشتہ دار قربان کردیے، غرض کہ سب کچھ قربان کردیا، لیکن محمد رسول اللہ صلی اللہ علیہ وسلم کے دامن کو نہ چھوڑا، سیدنا ابوسفیانؓ حالتِ کفر میں اپنی بیٹی کو ملنے کے لیے آتے ہیں اور کملی والے آقا صلی اللہ علیہ وسلم کے مقدس بستر پر بیٹھنے کی کوشش کرتے ہیں تو بیٹی ام حبیبہؓ یکدم بولتی ہے ابا جان! ذرا ٹھہریئے! باپ رک گیا۔

بیٹی! کیا بات ہے؟ بیٹی نے جلدی سے بستر لپیٹ دیا۔ سیدنا ابوسفیانؓ بولے کیا یہ بستر میری شان کے لائق نہیں یا میں اس بستر پر بیٹھنے کے لائق نہیں ہوں؟ بیٹی نے کہا یہ محمد رسول اللہ صلی اللہ علیہ وسلم کا پاک بستر ہے اور آپ اس وقت ناپاک ہیں۔

ذرا اندازہ لگایئے کہ سیّدہ ام حبیبہؓ نے اپنے باپ کی ذرا پروا نہیں کی اور مصطفی صلی اللہ علیہ وسلم کی محبت میں اپنے باپ کو بھی رد کر دیا۔

عشق رسول صلی اللہ علیہ وسلم کے تقاضے

عاشق کے وجود کا ظاہری حلیہ اور اس کے اعمال میں جھلکتا باطنی عشق اس کے عاشق رسول صلی اللہ علیہ وسلم کا منھ بولتا ثبوت ہو، اسے اپنے عشق کے اظہار کے لیے عاشق رسول صلی اللہ علیہ وسلم ہونے کے نعرے نہ لگانے پڑیں، بلکہ اس کے اعمال چیخ چیخ کر دنیا کو بتا دیں کہ یہ ہے سچا عاشق رسول۔ صلی اللہ علیہ وسلم۔

صحابہ کرام نے یہی کیا تھا، آیئے دیکھتے ہیں ان کے عشق کی چند جھلکیاں:

موسیٰ بن عقبہ بیان کرتے ہیں کہ میں نے سالم بن عبد اللہ بن عمر کو دیکھا کہ وہ دورانِ سفر راستے میں بعض مقامات تلاش کرتے تھے اور وہاں نماز پڑھتے تھے کیوں کہ انہوں نے اپنے والد عبد اللہ کو اور انہوں نے اپنے والد عمر کو وہاں نماز پڑھتے دیکھا تھا اور عمرؓ وہاں اس لیے نماز پڑھتے تھے کہ انہوں نے آنحضور ا کو وہاں نماز پڑھتے دیکھا تھا۔ (بخاری:۴۸۳)

حضرت علی بن ابی طالب سواری پر سوار ہوئے تو دعائے مسنون پڑھنے کے بعد مسکرانے لگے۔ کسی نے پوچھا: امیر المومنین! مسکرانے کی کیا وجہ ہے؟ آپؓ نے فرمایا کہ میں نے نبی اکرم صلی اللہ علیہ وسلم کو دیکھا تھا کہ آپ صلی اللہ علیہ وسلم نے سواری پر سوار ہو کر اسی طرح دعا پڑھی، پھر آپ صلی اللہ علیہ وسلم مسکرائے تھے۔ لہٰذا میں بھی حضور صلی اللہ علیہ وسلم کی اتباع میں مسکرایا ہوں۔ (ابو داود: ۲۶۰۲)

حضرت انسؓ نے دیکھا کہ آں حضور علیہ الصلوٰۃ والسلام کو کدو پسند ہیں۔ تو وہ بھی کدو پسند کرنے لگے۔ (مسند احمد: ۳۱۷۷)

ایک بار آپ صلی اللہ علیہ وسلم نے سرکہ کے بارے میں فرمایا کہ سرکہ تو اچھا سالن ہے تو حضرت جابرؓ کہتے ہیں کہ تب سے مجھے سرکے سے محبت ہوگئی ہے۔ (دارمی:۲۱۸۱)

ایک بار ایک صحابیؓ کے ہاتھ میں سونے کی انگوٹھی آپ صلی اللہ علیہ وسلم نے دیکھی تو آپ نے اس کے ہاتھ سے اُتار کر دور پھینک دی، گویا آپ صلی اللہ علیہ وسلم نے اظہارِ ناراضگی کیا۔ آپ صلی اللہ علیہ وسلم کے تشریف لے جانے پر کسی نے کہا کہ اس کو اُٹھالو اور بیچ کر فائدہ حاصل کرلو (کیوں کہ حضور صلی اللہ علیہ وسلم نے صرف پہننے سے منع فرمایا تھا) مگر اس نے کہا خدا کی قسم! میں اسے کبھی نہیں اٹھاوں گا۔ کیوں کہ رسول اللہ صلی اللہ علیہ وسلم نے اسے پھینک دیا ہے۔ (مسلم:(۲۰۹۰
کچھ صحابہ سے بیعت کی شرائط میں یہ نصیحت بھی فرمائی کہ لوگوں سے کسی چیز کا سوال نہ کرنا۔ تو انہوں نے اس شدت سے اس کی پابندی کی کہ اگر اونٹنی پر سوار کہیں جارہے ہوتے اور ہاتھ سے لگام گر جاتی تو اونٹنی کو بٹھا کر خود اپنے ہاتھ سے اس کو اٹھاتے تھے اور کسی آنے جانے والے سے نہیں کہتے تھے کہ اٹھا کر دے دو۔ (مسند احمد:۵۲۷۷)

سرور کائنات صلی اللہ علیہ وسلم ایک دن مرادِ رسول سیدنا عمر بن خطابؓ سے پوچھتے ہیں اے عمر! تم میرے ساتھ کتنا عشق وپیار کرتے ہو فاروق اعظمؓ نے فرمایا اپنے ماں باپ سے، اپنی اولاد سے، اپنے رشتہ داروں سے اپنے دوستوں سے بلکہ کل کائنات سے زیادہ آپ سے عشق رکھتا ہوں اور عزیز سمجھتا ہوں، بجز اپنی جان کے۔ کملی والے آقا صلی اللہ علیہ وسلم نے فرمایا اے عمر! اس ذات کی قسم جس کے قبضہ قدرت میں مجھ محمد (صلی اللہ علیہ وسلم) کی جان ہے! اس وقت تک کوئی شخص مومن نہیں ہو سکتا جب تک مجھے اپنی

جان سے بھی زیادہ عزیز نہ سمجھے۔ فاروق اعظمؓ نے کہا اب آپ صلی اللہ علیہ وسلم مجھے اپنی جان سے بھی زیادہ عزیز و محبوب ہیں، آپ صلی اللہ علیہ وسلم نے فرمایا اے عمر! اب تو مومن ہے۔

صحابہ کرام کا معاملہ بھی عجیب تھا ان کی محبت کا دار و مدار بس عشق رسول صلی اللہ علیہ وسلم تھا، اگر کوئی آپ صلی اللہ علیہ وسلم پر ایمان نہیں لایا تو پھر خونی رشتے بھی بے معنی تھے اور اگر کوئی ایمان لایا اور خونی رشتہ نہیں بھی تھا تو اپنی جان سے زیادہ عزیز تھا ،واقعی تاریخ انسانیت میں ایسا انقلاب نہ پہلے آیا اور نہ کبھی آئے گا۔

تاریخ کی کتابوں میں لکھا ہے کہ عبد اللہ بن ابی منافق نے ایک دفعہ رسول اللہ صلی اللہ علیہ وسلم اور صحابہ کرامؓ کے متعلق کہا

﴿يَقُولُونَ لَئِن رَّجَعْنَا إِلَى الْمَدِينَةِ لَيُخْرِجَنَّ الْأَعَزُّ مِنْهَا الْأَذَلَّ﴾. (سورۃ المنافقون، آیت:۸)

یہ بات ابن ابی کے فرزند ارجمند کے کان میں پہنچ گئی، حضرت عبد اللہؓ تلوار لے کر مدینہ شریف کے مین گیٹ پر کھڑے ہو گئے، لوگ گزرتے گئے، جب باپ آیا تو کہنے لگا پیچھے ہٹ جاؤ تمہیں مدینہ میں داخل نہیں ہونے دیا جائے گا جب تک رسول اللہ صلی اللہ علیہ وسلم تیرے لیے کوئی فیصلہ صادر نہ فرمادیں۔ چناں چہ رحمت کائنات تشریف لائے تو حضرت عبد اللہؓ نے فرمایا جب تک یہ اپنے لفظ واپس نہیں لے گا اس کو گزرنے نہیں دوں گا۔

حضرت ابو عبیدہ بن جراحؓ نے جنگ بدر میں اپنے والد کو کافروں کی حمایت میں مسلمانوں کے مقابلہ میں آنے کی وجہ سے قتل کر دیا۔

حضرت مصعب بن عمیرؓ نے اپنے بھائی عبید بن عمیر کو قتل کر دیا۔

حضرت عمرؓ، حضرت حمزہؓ، حضرت علیؓ، حضرت عبیدہ بن حارثؓ نے اپنے قریبی رشتہ داروں عتبہ، شیبہ، ولید وغیرہ کو قتل کیا، غرض یہ کہ صحابہ کرامؓ نے اللہ اور اس کے رسول صلی اللہ علیہ وسلم کی محبت میں اپنے ماں، باپ، بہن، بھائی، عزیز واقارب سب کو قربان کر دیا، اسی لیے ایک مقام پر اللہ تعالیٰ نے صحابہ کرامؓ کی تعریف ان الفاظ میں کی ہے:

ترجمہ: جو لوگ اللہ پر اور قیامت کے دن پر (پورا پورا) ایمان رکھتے ہیں، آپ ان کو نہ دیکھیں گے کہ ایسے شخصوں سے دوستی رکھتے ہوں جو اللہ اور رسول کے برخلاف ہیں، چاہے وہ ان کے باپ یا بیٹے یا بھائی یا کنبہ ہی کیوں نہ ہو، ان لوگوں کے دلوں میں اللہ تعالیٰ نے ایمان ثبت کر دیا ہے۔ (المجادلہ آیت نمبر ۲۲)

صحابہ کرامؓ نے اپنا سب کچھ نبی کریم صلی اللہ علیہ وسلم پر لٹا دیا تو پھر اللہ پاک نے بھی اپنی تمام نعمتوں کے دروازے ان پر کھول دیے، ان کے قدموں میں سلطنتیں تسبیح کے دانوں کی طرح گریں، دنیا کے خزانے مدینہ کی گلیوں میں بکھرنے لگے، دنیا کی قیادت و سعادت ان پر فخر کرنے لگی، ان کے احکامات پھر چرند، پرند، ابحار، اشجار سبھی نے مانے اور جب تک مسلمان نبی کریم صلی اللہ علیہ وسلم کے احکامات پر عمل پیرا رہے عشق رسول صلی اللہ علیہ وسلم کو حرز جاں بناتے رہے اس وقت تک ساری دنیا ان کے در کی دریوزہ گر رہی اور جیسے ہی انہوں نے عشق رسول صلی اللہ علیہ وسلم سے منھ موڑا، اللہ پاک کی تمام نعمتوں نے مسلمانوں سے منھ موڑ لیا۔

٭ ٭ ٭

انسانیت کے ساتھ محبت و ہمدردی اور سیرت رسول ﷺ

مفتی محمد عبداللہ قاسمی

ربیع الاول اسلامی مہینوں میں تیسرا مہینہ ہے، اس مہینے میں اللہ کے رسول صلی اللہ علیہ وسلم کی ولادت باسعادت ہوئی، آپ صلی اللہ علیہ وسلم کی سیرت طیبہ انسانی زندگی کے تمام گوشوں کو جامع اور محیط ہے، انفرادی زندگی ہو یا اجتماعی زندگی، خلوت و تنہائی ہو کہ اجتماعیت و محفل، گوشہ عافیت و سکون ہو کہ میدان کارزار... غرض ہر شعبے میں اللہ کے رسول صلی اللہ علیہ وسلم کی سیرت انسانیت کی راہ نمائی کرتی ہے اور آج نوع انسانی کو جو مشکلات اور چیلنجز در پیش ہیں ان کا حل سیرت طیبہ ہی میں ہمیں مل سکتا ہے۔

انسانیت نوازی سیرت رسول کا ایک نمایاں پہلو

آپ صلی اللہ علیہ وسلم کی سیرت طیبہ کا ایک نمایاں پہلو انسانیت کے ساتھ محبت اور ہم دردی ہے، انسانیت کے ساتھ لطف اور نرمی سے پیش آنا آپ اکی زندگی کا لازمی حصہ تھا، ضرورت مندوں کی ضرورت پوری کرنا، محتاج اور پریشان حال لوگوں کی مدد کرنا، نادار اور محروم لوگوں کو نوازنا، یتیموں اور بیواؤں کے کام آنا، مفلوک الحال اور بچھڑے ہوئے لوگوں کی دادرسی کرنا اللہ کے رسول صلی اللہ علیہ وسلم کی سیرت کا ایک روشن باب تھا۔

سیدہ خدیجہ رضی اللہ عنہا اسلام کی سب سے پہلی محسن خاتون

ام المومنین سیدہ خدیجہ رضی اللہ عنہا آپ علیہ السلام کی سب سے پہلی زوجہ مطہرہ ہیں، پچیس سال کی عمر میں اللہ کے رسول صلی اللہ علیہ وسلم نے ان سے نکاح فرمایا اور نبوت ملنے کے بعد آپ علیہ السلام پر جو بھی مصیبت اور پریشانی کفار مکہ کی جانب سے آتی تھی اور ان سے اللہ کے رسول صلی اللہ علیہ وسلم رنجیدہ اور دل گرفتہ ہو جاتے تھے، تو ایسے نازک وقت میں سیدہ خدیجہ رضی اللہ عنہا ہی اللہ کے رسول صلی اللہ علیہ وسلم کو تسلی دیتی تھیں اور آپ کی ڈھارس بندھاتی تھیں اور حوصلہ افزا کلمات کے ذریعے اللہ کے رسول صلی اللہ علیہ وسلم کے غموں کو مٹاتی تھیں، سیدہ خدیجہ رضی اللہ عنہا اس کے ساتھ ساتھ آپ صلی اللہ علیہ وسلم کا مالی تعاون بھی کرتی تھیں۔

آپ صلی اللہ علیہ وسلم پر پہلی وحی

اللہ کے رسول صلی اللہ علیہ وسلم نبوت سے پہلے غار حرا میں کئی کئی روز عبادت کیا کرتے تھے، ایک روز اسی دوران حضرت جبریل علیہ السلام آپ کے پاس آئے اور آپ صلی اللہ علیہ وسلم کو زور سے بھینچا اور کہا کہ پڑھو، آپ نے فرمایا کہ میں پڑھا ہوا نہیں ہوں، یہ مکالمہ تین مرتبہ ہوا، پھر حضرت جبرئیل علیہ السلام نے یہ پانچ آیتیں پڑھیں:

﴿اقْرَأْ بِاسْمِ رَبِّكَ الَّذِي خَلَقَ، خَلَقَ الْإِنْسَانَ مِنْ عَلَقٍ، اقْرَأْ وَرَبُّكَ الْأَكْرَمُ، الَّذِي عَلَّمَ بِالْقَلَمِ، عَلَّمَ الْإِنْسَانَ مَا لَمْ يَعْلَمْ﴾ (العلق: ۱-۵).

پڑھو اپنے پروردگار کا نام لے کر، جس نے سب کچھ پیدا کیا، انسان کو جمے ہوئے خون سے پیدا کیا، پڑھو اور تمہارا پروردگار سب سے زیادہ کرم والا ہے، جس نے قلم سے تعلیم دی، انسان کو اس بات کی تعلیم دی جو وہ نہیں جانتا تھا۔

وحی کا بوجھ

آپ صلی اللہ علیہ وسلم پر جب وحی نازل ہوتی تو اس کا سخت بوجھ اللہ کے رسول صلی

اللہ علیہ وسلم اپنے اوپر محسوس کرتے تھے،وحی کے بوجھ اور شدت کی وجہ سے ہی حضرات صحابہ کرام رضوان اللہ تعالی علیہم اجمعین بیان کرتے ہیں کہ سخت سردی کے زمانے میں اللہ کے رسول صلی اللہ علیہ وسلم پر جب وحی نازل ہوتی تھی تو آپ پسینے سے شرابور ہو جاتے تھے۔(بخاری)وحی کے سخت بوجھ کو آپ صلی اللہ علیہ وسلم کی سواری بھی برداشت نہیں کرپاتی تھی، چناں چہ جب آپ پر اونٹنی پر سوار ہونے کی حالت میں وحی نازل ہوتی تو آپ صلی اللہ علیہ وسلم کی اونٹنی بیٹھ جاتی تھی۔حضرت زید بن ثابت رضی اللہ تعالی عنہ فرماتے ہیں کہ ایک مرتبہ اللہ کے رسول صلی اللہ علیہ وسلم میرے زانو پر اپنا مبارک سر رکھ کر آرام فرمارہے تھے ،اسی اثناء میں آپ صلی اللہ علیہ وسلم کے چہرے پر وحی کے آثار شروع ہوگئے ،وحی کا بوجھ اوراس میں شدت اتنی زیادہ تھی کہ مجھے لگا کہ میری ران کی ہڈی ریزہ ریزہ ہو جائے گی۔

سیدہ خدیجہ رضی اللہ عنہا کی آپ صلی اللہ علیہ وسلم کے بارے میں شہادت

حضرت جبرئیل علیہ السلام کے آپ علیہ السلام کو بھینچنے اور وحی کے ناقابل برداشت بوجھ کی وجہ سے اللہ کے رسول صلی اللہ علیہ وسلم پریشان ہوگئے اور اپنی جان پر خوف محسوس کرنے لگے، ایسے وقت میں سیدہ خدیجہ رضی اللہ عنہانے آپ صلی اللہ علیہ وسلم کو تسلی دی:

"کَلاَّ وَاللّٰہِ، مَا یُخْزِیکَ اللّٰہُ اَبَدًا، اِنَّکَ لَتَصِلُ الرَّحِمَ، وَتَحْمِلُ الْکَلَّ، وَتَکْسِبُ الْمَعْدُومَ، وَتَقْرِی الضَّیْفَ، وَتُعِینُ عَلَی نَوَائِبِ الْحَقِّ".

ہرگز نہیں! اللہ آپ کو ہرگز رسوا نہ کرے گا!یقینا آپ صلہ رحمی کرتے ہیں اور بوجھ اٹھاتے ہیں اور ناداروں کو کما کر دیتے ہیں، مہمان نوازی کرتے ہیں اور آفات سماویہ پر لوگوں کی مدد کرتے ہیں۔

سیدہ خدیجہ رضی اللہ عنہانے اس موقع پر اللہ کے رسول صلی اللہ علیہ وسلم کے جو اوصاف بیان کئے ہیں ان سب کا تعلق انسانی ہمدردی اور باہمی اخوت وبھائی چارہ سے ہے، سیدہ خدیجہ رضی اللہ عنہانے اس موقع پر اللہ کے رسول صلی اللہ علیہ وسلم کی عبادتوں کو ذکر نہیں کیا، آپ صلی اللہ علیہ وسلم کے حج اور عمرے کا ذکر نہیں کیا، غار حرا میں جاکر کئی کئی روز اللہ کے رسول صلی اللہ علیہ وسلم کی عبادت انجام دیتے تھے اس کا تذکرہ نہیں کیا؛ بلکہ انہوں نے آپ صلی اللہ علیہ وسلم کی ان خوبیوں کا تذکرہ کیا جن کا تعلق انسانیت نوازی، غربا پروری، بے کسوں کی دست گیری اور مظلوموں کی دادرسی سے تھا، اس سے اندازہ ہوتا ہے کہ انسانیت سے محبت اور ہم دردی کا وصف اللہ کے رسول صلی اللہ علیہ وسلم کی زندگی میں بہت نمایاں تھا اور آپ علیہ السلام کی حیات طیبہ کا جزولاینفک تھا اور آپ کے بارے میں یہ شہادت سیدہ خدیجہ رضی اللہ عنہا کی ہے، جو آپ کے ساتھ ایک دو مہینے نہیں؛ بلکہ پندرہ سال گزار چکی تھی، انہیں آپ کی زندگی کو بالکل قریب سے دیکھنے کا موقع ملا تھا، جلوت وخلوت اور خارجی وداخلی زندگی کی سرگرمیوں کو سیدہ خدیجہ رضی اللہ عنہا بچشم خود دیکھا کرتی تھیں، اس لمبے اور طویل عرصے میں آپ کی زندگی کا کوئی پہلو ان کی نگاہوں سے مستور اور مخفی نہیں تھا؛ اس لیے آپ صلی اللہ علیہ وسلم کے بارے میں سیدہ خدیجہ رضی اللہ عنہا کی شہادت بڑی اہمیت رکھتی ہے۔

بندوں کے حقوق کی اہمیت

واقعہ یہ ہے کہ انسانیت کی خدمت اور ان کے ساتھ محبت وہم دردی بڑی اہمیت کی حامل ہے اور اس کا اللہ جل شانہ کی نگاہوں میں بڑا مقام اور بڑا رتبہ ہے؛ اسی وجہ سے احادیث شریفہ سے پتہ چلتا ہے کہ اگر کسی انسان سے حقوق اللہ میں کوتاہی ہوجائے تو اللہ تعالیٰ اپنے فضل وکرم سے اسے معاف کرسکتے ہیں، تاہم اگر انسان سے حقوق العباد میں

کسی قسم کی کوتاہی ہو جائے تو اللہ تعالیٰ اسے معاف نہیں فرمائیں گے؛ بلکہ روز محشر صاحب حق کو اس کا حق دلائیں گے، چناں چہ حدیث شریف میں آتا ہے کہ روز قیامت جب لوگ پل صراط پر سے گزریں گے تو بیچ پل صراط پر اللہ تبارک و تعالی تمام لوگوں کو کھڑا کریں گے اور اعلان ہو گا کہ جس شخص کا بھی کسی پر کوئی حق ہو تو وہ لے لے، اس وقت لوگوں کی گھبراہٹ اور خوف وہراس کا یہ عالم ہو گا کہ جس شخص کے نامہ اعمال میں ستر انبیاء کی عبادت اور اعمال محفوظ ہوں گے ایسا متقی اور پارسا بھی اپنی عبادت کو کم خیال کرے گا، اور اسے جنت کے حصول کے لیے کافی نہ سمجھے گا۔

آپ صلی اللہ علیہ وسلم کی کفار و مشرکین پر شفقت و ہمدردی

آپ علیہ السلام کی امت کے ساتھ شفقت اور ہمدردی اس قدر حد سے زیادہ بڑھی ہوئی تھی کہ کفار و مشرکین کے ایمان نہ لانے پر آپ علیہ الصلاۃ والسلام کڑھتے تھے، ان کی ضد اور ہٹ دھرمی کی وجہ سے ملول اور کبیدہ خاطر ہو جاتے تھے، ان کے اسلامی تعلیمات کو قبول نہ کرنے پر اللہ کے رسول صلی اللہ علیہ وسلم کو بڑی کوفت ہوا کرتی تھی، قرآن کریم نے آپ علیہ السلام کی اسی کیفیت کا کچھ یوں نقشہ کھینچا ہے: ﴿لَعَلَّکَ بَاخِعٌ نَّفْسَکَ اَلَّا یَکُوْنُوْا مُؤْمِنِیْنَ﴾. (الشعراء:۳)

اے پیغمبر! شاید تم اس غم میں اپنی جان ہلاک کیے جا رہے ہو کہ یہ لوگ (کیوں) ایمان نہیں لاتے۔

قحط سالی کے زمانے میں آپ صلی اللہ علیہ وسلم کا کفار مکہ کے لیے غذائی اجناس مہیا کرنا

مشرکین مکہ جنھوں نے اللہ کے رسول صلی اللہ علیہ وسلم اور صحابہ کرام رضوان اللہ تعالی علیہم اجمعین کو ستایا، مکہ کی سرزمین میں ان کے لیے عرصہ حیات تنگ کر دیا، ان

حالات سے مجبور ہو کر رسول خدا صلی اللہ علیہ وسلم اور حضرات صحابہ کرام رضوان اللہ تعالی علیہم اجمعین نے مکہ مکرمہ کو چھوڑ دیا اور مدینہ منورہ تشریف لے گئے، اس پر بھی کفار و مشرکین کو ترس اور رحم نہیں آیا؛ بلکہ وہ برابر اسلام اور مسلمانوں کے خلاف سازشیں کرتے رہے اور ان کے آتشیں لب مسلمانوں کے خون کے پیاسے بنے رہے، ادھر کفار مکہ کی بد اعمالیوں کی وجہ سے مکہ میں جب قحط پڑا اور کفار و مشرکین فاقہ کشی اور بھوک مری کا شکار ہو گئے تو ایسے وقت میں بھی اللہ کے رسول صلی اللہ علیہ وسلم نے انسانیت نوازی کا ثبوت دیا اور انسانیت سے فطری محبت و لگاؤ ہونے کی وجہ سے آپ صلی اللہ علیہ وسلم نے مدینہ منورہ سے ان کے لیے غلہ اور کچھ رقم ارسال فرمایا۔

حلف الفضول کا معاہدہ اور اس میں آپ صلی اللہ علیہ وسلم کی شرکت

مظلوموں کی داد رسی اور غریب اور پس ماندہ لوگوں کی مدد کا جذبہ اللہ کے رسول صلی اللہ علیہ وسلم کی زندگی کا ایک تاب ناک اور روشن باب ہے، آپ صلی اللہ علیہ وسلم کو نبوت سے سرفراز کیے جانے سے پہلے کا واقعہ ہے، ایک مرتبہ مکۃ المکرمۃ میں ایک تاجر اپنا سامان تجارت بیچنے کے لیے آیا، عاص بن وائل نے اس تاجر کا مال خرید لیا؛ لیکن اس کی قیمت ادا کرنے سے وہ صاف مکر گیا، تاجر نے مکہ والوں سے فریاد کی اور ان سے مدد کی درخواست کی، اس موقع پر مکہ کے زندہ ضمیر اور باہمت لوگوں نے باہم مل بیٹھ کر یہ عہد کیا کہ ہم مظلوموں کی مدد کریں گے، ظالموں سے ان کا حق دلوائیں گے، طاقت ور لوگوں کو کم زوروں پر ظلم کرنے اور دست درازی کرنے کا موقع نہیں دیں گے، یہ معاہدہ تاریخ میں "حلف الفضول" کے نام سے مشہور و معروف ہے اور اس معاہدے میں اللہ کے رسول صلی اللہ علیہ وسلم بھی شریک ہوئے تھے اور نبوت ملنے کے بعد آپ صلی اللہ علیہ وسلم فرمایا کرتے تھے: اگر اس جیسے معاہدے میں شریک ہونے کے لیے اب بھی مجھے بلایا

جائے تو میں ضرور اس میں شرکت کروں گا۔ یہ واقعہ آپ صلی اللہ علیہ وسلم کی انسانی ہم دردی اور انسانیت کی بنیاد پر خیر خواہی اور تعاون کی عکاسی کرتا ہے۔

انبیائے کرام علیہم الصلوۃ والسلام اور انسانی ہم دردی

حقیقت یہ ہے کہ تمام انبیاء انسانیت نواز اور غریب پرور ہوتے ہیں، بندگان خدا سے محبت و ہم دردی ان کی سرشت میں داخل ہوتا ہے، وہ انسانوں پر بے حد شفیق اور مہربان ہوتے ہیں، غریب اور بے سہارا لوگوں کی مدد کرنا ان کی فطرت کا اٹوٹ حصہ ہوتا ہے، دبے کچلے اور مظلوموں کے لیے وہ محفوظ پناہ گاہ ثابت ہوتے ہیں۔

حضرت نوح علیہ السلام اور ان کی انسانیت نوازی

حضرت نوح علیہ السلام اللہ کے جلیل القدر پیغمبر اور رسول تھے، انہوں نے اپنی قوم کو اللہ کی طرف دعوت دی، شرک اور بت پرستی سے ان کو منع کیا؛ لیکن قوم نے ان کی نصیحتوں پر کان نہیں دھرا اور شرک و کفر سے ان کی قوم باز نہیں آئی، اللہ نے انہیں متنبہ کرنے کے لیے بارش کو روک دیا اور قحط سالی میں مبتلا کر دیا، قوم کا اضطراب اور اس کی پریشانی حضرت نوح علیہ السلام سے دیکھی نہ گئی اور انہوں نے انسانیت کے ساتھ محبت و ہم دردی ہونے کے ناطے اس ہمہ گیر آفت سے گلو خلاصی کے لیے یہ تدبیر بتلائی کہ تم اللہ سے توبہ کرو، اس سے معافی مانگو، اپنے گناہوں سے باز آجاؤ، اللہ تعالی اس تنگی کو کشادگی سے اور برے حالات کو اچھے اور خوش گوار حالات سے بدل دیں گے، قرآن کریم نے اس واقعے کی کچھ اس طرح منظر کشی کی ہے:

﴿اسْتَغْفِرُوا رَبَّكُمْ إِنَّهُ كَانَ غَفَّارًا، يُرْسِلِ السَّمَاءَ عَلَيْكُم مِّدْرَارًا، وَيُمْدِدْكُم بِأَمْوَالٍ وَبَنِينَ وَيَجْعَل لَّكُمْ جَنَّاتٍ وَيَجْعَل لَّكُمْ أَنْهَارًا﴾. (نوح: ۱۰۔۱۲)

اپنے پروردگار سے مغفرت مانگو، یقین جانو بہت بخشنے والا ہے، وہ تم پر آسمان سے

خوب بارشیں برسائے گا اور تمہارے مال اور اولاد میں ترقی دے گا اور تمہارے لیے باغات پیدا کرے گا اور تمہاری خاطر نہریں مہیا کرے گا۔

حضرت موسی علیہ السلام اور ان کی انسانیت کے ساتھ ہمدردی

حضرت موسی علیہ السلام مصر سے مدین تشریف لے گئے، وہاں ایک کنویں پر آپ نے دیکھا کہ دو لڑکیاں اپنے مویشیوں کو لے کر کنارے کھڑی ہیں اور مویشیوں کو پانی پلانا چاہتی ہیں، آپ کے اندر ہمدردی اور محبت کا جذبہ بیدار ہو گیا اور آپ نے آگے بڑھ کر ان کے مویشیوں کو پانی پلایا اور اس پر انہوں نے ان سے کوئی معاوضہ بھی نہیں لیا، جب کہ حضرت موسی علیہ السلام بے سر و سامانی کے عالم میں مصر سے نکلے تھے اور بھوک کی شدت کی وجہ سے آپ اتنے نڈھال ہو گئے تھے کہ چلنا آپ کے لیے مشکل ہو رہا تھا، ایسی اضطراری حالت میں بھی آپ نے ان سے کوئی اجرت نہیں لی، اور خالص اللہ کی رضا کے لیے انہوں نے مویشیوں کو پانی پلایا۔

مندرجہ بالا واقعات ہمارے لیے مشعل راہ ہیں

مذکورہ بالا واقعات ہمارے لیے مشعل راہ اور رفیق حضر ہیں اور ہمیں اس بات کی دعوت دیتے ہیں کہ انسانیت نوازی کا قیمتی وصف ہم اپنے اندر پیدا کریں، بلا تفریق مذہب و ملت مجبور اور پریشان حال لوگوں کے کام آنے کو یقینی بنائیں، ہماری ذات سے حتی المقدور دوسروں کو جتنا فائدہ پہنچ سکتا ہے اس سے دریغ نہ کریں، امدادی کاموں میں خوب سے خوب بڑھ چڑھ کر حصہ لیں اور یہ کام محض اللہ کی رضا اور اس کی خوشنودی حاصل کرنے کے لیے کریں، دنیا میں ہم اس پر کسی قسم کے اجر اور معاوضہ کی توقع نہ رکھیں۔

آج بدقسمتی سے تصویر کشی اور ویڈیو گرافی کا ایک غیر صالح جذبہ پروان چڑھتا

جا رہا ہے، غریبوں اور محتاجوں کی امداد کے وقت فوٹو گرافی کی جا رہی ہے اور اسے سوشل میڈیا پر شائع کیا جا رہا ہے، ظاہر ہے کہ یہ ایک غیر صالح جذبہ ہے، اس سے اعمال صالحہ کے ضائع ہو جانے کا اندیشہ ہے، ایسا عمل جس سے ریا و نمود مقصود ہو اور لوگوں سے داد و تحسین وصول کرنا پیش نظر ہو اس کی اللہ تعالیٰ کے یہاں ذرہ برابر بھی حیثیت نہیں ہے، ضرورت ہے کہ ہم شریعت کی راہ نمائی میں امدادی سرگرمیوں میں حصہ لیں اور غریبوں کی امداد کرتے وقت اس بات کا خاص خیال رکھیں کہ ان کی عزت نفس کو ٹھیس نہ پہنچے، اپنے طرز عمل سے ہم ان کے وقار اور احترام کو پامال نہ کریں۔

٭ ٭ ٭

سید البشر صلی اللہ علیہ وسلم کے اخلاق کریمانہ کی چند جھلکیاں
مولانا احمد علی لاہوریؒ

حلم اور مسکین نوازی

حضرت انس رضی اللہ عنہ سے روایت ہے کہ میں رسول اللہ صلی اللہ علیہ وسلم کے ساتھ جا رہا تھا اور آپ نجران (مقام کا نام ہے) کی چادر اوڑھے ہوئے تھے، جس کے کنارے موٹے تھے۔ راستہ میں آپ صلی اللہ علیہ وسلم کو ایک دیہاتی ملا، جس نے آپ صلی اللہ علیہ وسلم کی چادر پکڑ کر اس قدر سختی سے اپنی طرف کھینچی کہ رسول اللہ صلی اللہ علیہ وسلم اس کے سینے کے قریب کھینچ کر آگئے۔ میں نے دیکھا تو آپ صلی اللہ علیہ وسلم کی چادر کے کنارے نے آپ صلی اللہ علیہ وسلم کی گردن پر نشان ڈال دیا، پھر اس دیہاتی نے کہا: اے محمد! اللہ کا وہ مال جو تیرے پاس ہے مجھے اس میں سے دلا۔ آپ اس طرف متوجہ ہوئے، پھر ہنسے، پھر آپ نے اس کو کچھ دیے جانے کا حکم دیا۔

بے مثال بردباری

کہاں سید الانبیاء علیہ الصلوٰۃ والسلام اور کہاں ایک جاہل، آداب سے نا آشنا دیہاتی اور پھر یہ بے ادبی کہ زبان سے تو عرض نہیں کرتا اور پچھلی طرف چادر مبارک اس قدر شدید جھٹکا دے کر کھینچتا ہے کہ حضور انور صلی اللہ علیہ وسلم اس کی چھاتی سے آ کر لگ جاتے ہیں اور اتنا شدید جھٹکا دیا کہ حضور انور صلی اللہ علیہ وسلم کی چادر مبارک کے سخت

کناروں کی رگڑ سے حضور کے کندھے پر نشان پڑ گئے۔ اس کے علاوہ یہ بے ادبی کہ روکھا نام، یا محمد، کہہ کر پکارتا ہے۔ اتنی شدید بے ادبی کرنے کے بعد امر کے لفظ سے مطالبہ کرتا ہے۔ جس طرح کوئی شخص اپنے ماتحت کو حکم دیتا ہے کہ مجھے وہ مال دلا جو تیرے پاس ہے۔ بے ادبی وہ اور مطالبہ یہ۔ حضور انور صلی اللہ علیہ وسلم اسے دیکھ کر ہنس پڑے، گویا چہرے پر رنجیدگی کا ذرا اثر بھی ظاہر نہیں ہونے دیا اور ایسے بے ادب گنوار کی شفقت سے فرمائش پوری کر دی۔

برادران اسلام! اپنے دل پر ہاتھ رکھ کر دیکھیے، اپنے گریبان میں منھ ڈال کر دیکھیے! پھر فیصلہ کیجیے کہ ہم میں سے کتنے کھرے محمدی ہیں اور کتنے جھوٹے ہیں اور کتنے اصلی محمدی ہیں اور کتنے نقلی؟ اور کتنے سچے محمدی ہیں اور کتنیجھوٹے؟

بے نظیر سخاوت

حضرت انس رضی اللہ عنہ سے روایت ہے کہ ایک شخص نے نبی کریم صلی اللہ علیہ وسلم سے اتنی بکریاں مانگیں کہ جو دو پہاڑوں کے درمیانی نالہ کو بھر دیں۔ آپ نے اس کو اتنی ہی بکریاں دے دیں، پھر وہ شخص اپنی قوم میں آیا اور کہا اگر مسلمان ہو جاؤ تو خدا کی قسم! محمد اتنا دیتے ہیں کہ پھر افلاس کا ڈر نہیں رہتا۔

کیا حضور انور صلی اللہ علیہ وسلم کے سوا کوئی شخص اتنے مال سے محض حسبۃً للہ دست بردار ہو سکتا ہے؟ ہر گز نہیں! کیوں کہ مال میں دنیادار کی جان ہوتی ہے۔ یہپیغمبر کی شان ہو سکتی ہے کہ سب کچھ راہ خدا میں دے کر، خالی ہاتھ، محض اللہ تعالیٰ پر بھروسہ کر کے مطمئن ہو کر بیٹھ جائے۔

دوسروں کی خاطر مشقت اٹھانا

حضرت انس رضی اللہ عنہ سے روایت ہے کہ جب رسول اللہ صلی اللہ علیہ وسلم

صبح کی نماز سے فارغ ہوتے تھے تو مدینہ کے (لوگوں کے) خادم اپنے برتن لے کر آجاتے تھے، جن میں پانی ہوتا تھا پھر جو برتن بھی لاتے تھے آپ اس میں اپنا ہاتھ ڈبو دیتے تھے، پھر بعض اوقات سردی کی (موسم کی) صبح کو آپ کے پاس آتے، پھر بھی ان پانی کے برتنوں میں ہاتھ ڈبو دیتے تھے۔

باوجود یہ کہ سردی کے موسم میں ٹھنڈے پانی میں ہاتھ ڈبونے سے کتنی تکلیف ہوتی ہوگی؟ اور یہ بھی پتا نہیں کہ وہ برتن کتنے ہوتے تھے؟ اس سے معلوم ہوتا ہے کہ حضور انور صلی اللہ علیہ وسلم محض خلق اللہ کے دل کو خوش کرنے کے لیے اپنی جان کو یہ تکلیف پہنچاتے تھے۔

امور خانہ میں ہاتھ بٹانا

حضرت اسود رضی اللہ عنہ سے روایت ہے۔ کہا: میں نے حضرت عائشہ رضی اللہ عنہا سے پوچھا: رسول اللہ صلی اللہ علیہ وسلم گھر میں کیا کرتے تھے؟ انہوں نے جواب میں کہا: گھر کے کام میں ہاتھ بٹایا کرتے تھے، یعنی اپنے گھر والوں کی خدمت کیا کرتے تھے اور جب نماز کا وقت آجاتا تو نماز کو چلے جاتے۔

حاصل یہ ہے کہ باوجود اس مقام اعلیٰ پر پہنچنے کے، جس کے متعلق یہ کہا جائے تو صحیح ہو گا "بعد از خدا بزرگ توئی قصہ مختصر" پھر حضور انور صلی اللہ علیہ وسلم کے مزاج میں کوئی تعلی و تکبر نہیں ہے کہ اپنے گھر والوں کی کسی خدمت کو اپنے حق میں کسر شان سمجھیں۔ اللہ تعالیٰ ہمیں بھی اپنے اہل و عیال کے ساتھ ایسے ہی حسن سلوک سے زندگی بسر کرنے کی توفیق عطا فرمائے، آمین یا رب العالمین۔ ورنہ یاد رکھیے رسول اللہ صلی اللہ علیہ وسلم کا ارشاد سن لیجیے: تم میں سے بھلا وہ آدمی ہے جو اپنے بال بچوں کے حق میں بھلا ہو۔ یعنی اپنے بال بچوں کے ساتھ جس کا حسن سلوک اچھا نہیں وہ شریف یا بھلا انسان

کہلانے کا مستحق نہیں ہو سکتا۔

ماتحتوں کو ملامت کرنے سے گریز

حضور انور صلی اللہ علیہ وسلم کے اخلاق اتنے بلند تھے کہ اگر خادم سے نقصان بھی ہو جاتا تو بھی اسے کچھ نہ کہتے، بلکہ یوں فرماتے کہ جب کوئی بات ہونے والی ہوتی ہے تو ہو کر رہتی ہے۔ حضرت انس رضی اللہ عنہ سے روایت ہے کہ میں نے آٹھ سال عمر سے رسول اللہ صلی اللہ علیہ وسلم کی خدمت کی ہے اور دس سال تک آپ کی خدمت کرتا رہا ہوں، لیکن آپ نے کبھی کسی چیز کے ضائع ہونے پر بھی مجھ کو ملامت نہیں کی اور آپ کے گھر والوں میں سے کوئی بھی اگر مجھ کو ملامت کرتا تو آپ فرما دیتے اسکو چھوڑ دو (ملامت نہ کرو) جب کوئی بات ہونے والی ہے ضرور ہو کر رہتی ہے۔

لوگوں کی غمی خوشی میں شرکت

حضرت انس رضی اللہ عنہ سے روایت ہے، نبی کریم صلی اللہ علیہ وسلم کی صفات اس طرح بیان کرتے تھے کہ آپ بیمار پرسی کرتے، جنازہ کے ساتھ جاتے، غلام کی دعوت قبول فرما لیتے اور گدھے پر سوار ہوتے تھے۔ خیبر کے دن میں نے آپ کو ایک گدھے پر سوار دیکھا، جس کی باگ کھجور کے پوست کی تھی۔

حاصل یہ ہے کہ حضور اقدس صلی اللہ علیہ وسلم کے مزاج میں نہ فخر تھا، نہ کبر تھا، نہ مغلوب الغضب تھے، بلکہ تمام مسلمانوں کے ساتھ نشست و برخاست رکھنا اور ان کی ہر ممکن خدمت کرنا یہ حضور اقدس صلی اللہ علیہ وسلم کا عام معمول تھا۔

٭٭٭

حضور اکرم صلی اللہ علیہ وسلم کا عدل

مولانا سحبان محمودؒ

عدل وانصاف ایک ایسا وصف ہے جس پر نظام عالم اور اس کی درستی موقوف ہے، خود اللہ تعالیٰ نے اپنی ذات کے لے یہ وصف قرآن کریم میں ذکر کیا ہے، جس کا مطلب یہ ہے کہ یہ کارخانۂ عالم اوراس کا ٹھیک ٹھیک نظام اللہ تعالیٰ کے عدل وانصاف کے بل بوتے پر چل رہا ہے، لہٰذا حضور اکرم صلی اللہ علیہ وسلم میں بھی یہ وصف اپنے پورے کمال کے ساتھ موجود تھا۔

عدل وانصاف حکومت وسلطنت کے لیے توریڑھ کی ہڈی کی حیثیت رکھتا ہے، لیکن اس کا تعلق انسان کی اجتماعی اور انفرادی زندگی اور زندگی کے ہر شعبہ سے بھی نہایت قوی ہے، حضوراکرم صلی اللہ علیہ وسلم ان تمام چیزوں میں عدل وانصاف کے اس بلند ترین مرتبہ پر تھے کہ اس سے بلند کا تصور نہیں ہو سکتا، چناں چہ آپ کی انفرادی زندگی اور اس کا ہر گوشہ عدل کامل کا نمونہ تھا، آپ بیک وقت نبی ورسول تھے، حاکم وبادشاہ بھی اور قاضی ومنتظم بھی، شوہر بھی تھے اور رباپ بھی، دوست بھی تھے اور مصلح بھی، کامل انصاف کے ساتھ ان تمام گوشوں پر عمل کرنا، حق یہ ہے کہ آپ کا ہی منصب تھا، عدل کا حاصل یہ ہے کہ اس طرح عمل کیا جائے جس سے کسی ادنی سی حق تلفی نہ ہو، آپ صلی اللہ علیہ وسلم اسی اصول پر انفرادی اوراجتماعی زندگی میں عمل فرماتے تھے، چناں چہ آپ

اپنے جسم اطہر کا بھی حق ادا فرماتے اور روحِ مقدس کا بھی، آرام کے وقت آرام اور کام کے وقت کام کرتے تھے، آپ کھاتے پیتے بھی تھے اور روزے بھی رکھتے تھے، سوتے بھی جاگتے بھی، بخاری شریف کی روایت میں ہے کہ چند حضرات صحابہ نے حضور اکرم صلی اللہ علیہ وسلم کی عبادت وغیرہ کا حال دیکھا تو کہنے لگے کہ آپ تو ہر گناہ اور عیب سے پاک ہونے کے باوجود ایسی عبادت کرتے ہیں، ہم گناہ گاروں کو تو اور زیادہ عبادت کرنا چاہیے۔ چناں چہ ان میں سے ایک صاحب نے یہ عہد کیا کہ آئندہ بہت روزہ رکھا کریں گے، دوسرے نے عہد کیا کہ رات بھر نماز میں کھڑے رہ کر گزار دیا کریں گے اور تیسرے نے عہد کیا کہ عمر بھر نکاح نہ کریں گے، تاکہ فراغت کے ساتھ عبادت میں ہر وقت مشغول رہیں، حضور اکرم صلی اللہ علیہ وسلم کو اس کا علم ہوا تو آپ نے ایک عام خطاب کے ذریعہ ان کی اصلاح فرمائی، پھر فرمایا کہ مجھے تو دیکھو! میں روزہ رکھتا بھی ہوں، چھوڑتا بھی ہوں، سوتا بھی ہوں، نماز بھی پڑھتا ہوں۔ مطلب یہ ہے کہ زندگی میں اعتدال و توازن برقرار رکھا جائے۔ یہی اس کے ساتھ عدل وانصاف ہے۔

عدل وانصاف کا نازک پہلو وہ ہوتا ہے کہ خود اپنی ذات کے معاملہ میں راستی اور حق پرستی کے ساتھ اس پر قائم رہے، حضور اکرم صلی اللہ علیہ وسلم اس میں بھی سب سے ممتاز ہیں، آپ سب سے پہلے اپنی ذات کے ساتھ عدل کا معاملہ فرماتے، حدیث میں ہے کہ ایک یہودی نے آپ سے اپنے قرض کا مطالبہ کیا اور گستاخانہ رویہ اختیار کیا، حضرت عمرؓ نے اس کو سزا دینے کی اجازت طلب کی تو آپ نے اجازت نہ دی، اسی طرح ایک بدّو نے سختی کے ساتھ آپ سے قرض کا مطالبہ کیا، حضرات صحابہ نے اس سے کہا کہ تو جانتا ہے کس سے اس طرح بات کر رہا ہے؟ اس نے کہا کہ میں تو اپنا حق مانگ رہا ہوں، آپ نے صحابہ سے فرمایا کہ اس کو کچھ نہ کہو، حق دار کو بولنے کا حق ہے ایک گوشہ نشین کے

لیے عدل وانصاف سے کام لینا آسان ہوتا ہے ،لیکن جس کا تعلق اہل وعیال، خاندان، دوست احباب اور مختلف مزاج کے بے شمار لوگوں سے ہو تو اس حالت میں عدل وانصاف پر پورا اترنا نہایت دشوار ہو جاتا ہے۔ حضور اکرم صلی اللہ علیہ وسلم اس میدان میں سب سے آگے تھے، آپ اپنی بے انتہا تبلیغی اور اصلاحی مشغولیتوں کے باوجود اہل وعیال وغیرہ کے معاملہ میں پورا پورا عدل فرماتے، کیا مجال کہ جھکاؤ کسی ایک طرف آپ سے ظاہر ہوا ہو۔ ایک مرتبہ آپ حضرت عائشہؓ کے پاس تھے، آپ کی کسی دوسری زوجہ محترمہ نے ایک پیالہ میں کھانے کی کوئی چیز آپ کو بھیجی، حضرت عائشہؓ نے غیرت کے مارے اس پیالہ پر ہاتھ مارا، جس سے وہ گر کر ٹوٹ گیا تو آپ نے حضرت عائشہؓ کے گھر سے ایک پیالہ ان کے یہاں بھجوایا۔

اسی طرح عدل وانصاف کے معاملہ میں نہ رشتہ داری آڑے آتی تھی نہ دوستی، ایک دفعہ قریش کی کسی عورت نے چوری کر لی اور وہ چوری ثابت بھی ہوگئی، قریش کی عزت کی وجہ سے بعض لوگ چاہتے تھے کہ چور سزا سے بچ جائے اور کسی طرح معاملہ دب جائے، حضرت اُسامہ بن زیدؓ جو حضور اکرم صلی اللہ علیہ وسلم کے خاص محبوب تھے، ان سے لوگوں نے کہا کہ آپ اس معاملہ میں حضور صلی اللہ علیہ وسلم سے سفارش کر دیجیے کہ اس کو معاف فرمادیں، انہوں نے حضور صلی اللہ علیہ وسلم سے معاف کر دینے کی سفارش کی، آپ صلی اللہ علیہ وسلم اس پر غضب ناک ہوگئے اور فرمایا کہ اللہ تعالیٰ کے قانونِ حد میں سفارش کرتے ہو، بنی اسرائیل اسی کی بدولت تباہ ہوئے کہ وہ غریبوں پر قانون نافذ کرتے اور بڑے لوگوں سے درگزر کرتے تھے، پھر فرمایا کہ قانون خداوندی کی زد میں (خدا نہ کرے) اگر میری جگر گوشہ فاطمہؓ بھی آجائے گی تو میں اس پر وہ قانون جاری کر دوں گا.... آپ کو ہر وقت عرب کے مختلف قبائل اور دوسرے لوگوں سے

واسطہ رہتا تھا، ان میں دوست بھی تھے، دشمن بھی، جاں نثار بھی تھے اور خون کے پیاسے بھی، لیکن جب عدل وانصاف کا معاملہ آتا تو بلا امتیاز آپ حق کے مطابق فیصلہ فرماتے، ابوداؤد میں ہے کہ صخر ایک قبیلہ کے سردار اور بڑے با اثر شخص تھے، انہوں نے اہل طائف کو مجبور کر کے حضور کا مطیع وفرماں بردار بنایا تھا، جو ایک عظیم احسان تھا، لیکن جب صخر کے خلاف بعض حضرات نے ایک مقدمہ آپ کے سامنے پیش کیا تو آپ نے ان کے خلاف فیصلہ دیا اوران کے احسان کی پروانہ کی...۔یہودیوں کی دشمنی آپ سے او راہل اسلام سے کوئی پوشیدہ چیز نہ تھی، لیکن جب عدل وانصاف کا مسئلہ آجاتا اور یہودی حق پر ہوتا تو آپ صلی اللہ علیہ وسلم اسی کے حق میں فیصلہ فرماتے، مسند احمد کی روایت میں ہے کہ ایک صحابی جن کا نام ابو حدرد تھا، ایک یہودی کے مقروض ہو گئے، اس نے اپنے قرض کا مطالبہ کر دیا، ان کے پاس بدن کے کپڑوں کے سوا اور کچھ نہ تھا، جس سے اس کا قرض ادا کرتے، انہوں نے اس یہودی سے مہلت طلب کی، لیکن وہ نہ مانا اور ان کو پکڑ کر حضور اکرم صلی اللہ علیہ وسلم کی خدمت میں لایا، آپ ے پوری کارروائی سن کر اپنے جان نثار صحابی سے فرمایا کہ اس کا قرض ادا کر دو، انہوں نے عذر کیا کہ میرے پاس ان کپڑوں کی سوا کچھ بھی نہیں، آپ نے پھر یہی حکم دیا (جس کا مطلب یہ تھا کہ بقدر ضرورت بدن کے کپڑے رکھ کر باقی سے قرض ادا کر دو) چناں چہ انہوں نے اپنا تہہ بند اتار کر عمامہ اس کی جگہ باندھ لیا اور اس تہبند سے قرض ادا کر دیا... اسی طرح خیبر میں جہاں تمام آبادی یہودیوں کی تھی ایک صحابی مقتول پائے گئے، قاتل کا علم نہ ہو سکا، ظاہر ہے کہ قاتل کوئی یہودی ہو گا۔ مقتول کے وارثوں نے حضور صلی اللہ علیہ وسلم کی خدمت میں استغاثہ کیا اور اپنا شبہ یہودیوں پر ظاہر کیا، مگر کوئی ثبوت مہیانہ کر سکے، آپ صلی اللہ علیہ وسلم نے یہودیوں سے کچھ نہ کہا اور بیت المال سے دیت ادا کر دی۔

اسی عدل وانصاف کا یہ اثر تھا کہ مسلمان تو ایک طرف، یہودی بھی، جو آپ کے جانی دشمن تھے، اپنے مقدمات آپ ہی کی بارگاہ عدالت میں لاتے، آپ صلی اللہ علیہ وسلم انصاف کے ساتھ فیصلہ فرماتے اور وہ خوش خوش واپس جاتے، یہودیوں نے اپنے یہاں بڑے اور چھوٹے کا امتیاز قائم کرر کھا تھا، کم زور قبیلہ والے سے قصاص لے لیتے اور طاقت ور قبیلہ والے کو چھوڑ دیتے، ایسا ہی ایک مقدمہ حضور صلی اللہ علیہ وسلم کی خدمت میں پیش کیا گیا تو آپ صلی اللہ علیہ وسلم نے طاقت ور قبیلہ سے قصاص دلوایا، اسی لیے اہل اسلام کے نزدیک یہ طے شدہ بات ہے کہ اس روئے زمین پر حضور اکرم صلی اللہ علیہ وسلم سے زیادہ اور کوئی عدل وانصاف کرنے والا نہیں۔

آپ نے اسی عدل وانصاف پر حکومت وسلطنت کی بنیاد رکھی، جو اس قدر مضبوط او رمستحکم تھی کہ ایک ہزار سال تک نہ کوئی زلزلہ اس کو ہلا سکا نہ کسی طوفان سے اس میں رخنہ پیدا ہوا، اگر عدل وانصاف کا معیار قائم رہتا تو رہتی دنیا تک ایسی حکومت کو کوئی ہٹا نہیں سکتا تھا۔ اللہ تعالیٰ ہم سب کو نیکی پر اور عدل وانصاف پر عمل کرنے کی توفیق عطا فرمائے۔ وآخر دعوانا أن الحمد للہ رب العالمین.

***

نبی کریم صلی اللہ علیہ وسلم کی معاشرتی زندگی

سفیان علی فاروقی

بعثتِ نبوی سے پہلے دنیا کی معاشرتی صورت حال

نبی کریم صلی اللہ علیہ وسلم کی بعثت مبارکہ سے پہلے دنیا کی معاشرتی صورت حال انتہائی دگرگوں تھی، تہذیب و تمدن نفسانی خواہشات اور وڈیروں کے تابع تھی، دنیا کے ہر کوچے اور ہر گلی میں انسانیت سسک رہی تھی اور زبان حال سے کسی مسیحا کو پکار رہی تھی ، مرد اور عورت فطرتی رشتوں کے بندھن سے آزاد جانوروں کے معاشرے کی عکاسی کر رہے تھے ، عورت محض مرد کی لذت کے حصول کا ذریعہ تھی اور اس کی معاشرتی حالت اتنی جاں بلب تھی کہ کوئی شریف شخص اپنے گھر میں بیٹی پیدا کرنا ہی نہیں چاہتا تھا، لوگ ایک در کی عبودیت کی بجائے در در پر سجدہ ریز ہو رہے تھے ، ستم بالائے ستم کہ جو چیزیں کسی بھی مہذب معاشرے میں بد سے بدترین سمجھی جاتی ہیں وہی چیزیں اس معاشرے میں باعثِ فخر سمجھی جانے لگی تھیں ، انارکی اور ظلم وتعدی کا یہ عالم تھا کہ زورآور کم زوروں کے لیے حرفِ آخر سمجھا جاتا تھا اور مجبوروں ، ، مقہوروں کا کوئی والی وارث نہیں تھا، غلام انسانیت کے درجے سے خارج کر دیے گئے تھے ، بات بے بات لڑائی جھگڑے معمول کی بات تھی ،لوگوں کی بنیادی ضروریات زندگی کا حصول مشکل بنادیا گیا تھا، قانون طاقت ور کے لیے لچک دار اور کمزور کے لیے سخت گیر ہو گیا تھا

، شرافت کا معیار انسانیت کی بجائے دولت، طاقت اور اچھا عہدہ تھا۔

نبی کریم صلی اللہ علیہ وسلم کی بعثتِ مبارکہ کے بعد چند ہی سالوں میں دنیا کا معاشرتی نقشہ بدل گیا، تاریخ آج بھی ورطہ حیرت میں ہے کہ اتنا بڑا معاشرتی انقلاب چند سالوں میں کیسے ممکن ہوا؟! وہ معاشرتی انقلاب اتنا جامع و مکمل تھا، اتنا کامل و اکمل تھا، اتنا بہترین اور لازوال تھا کہ پندرہ سو سال بعد بھی اگر کائنات انسانی میں کسی آئیڈیل معاشرے کی مثال دی جاتی ہے تو کیا اپنے، کیا پرائے، سب کے سب نبوی معاشرے کی مثال دیتے ہیں۔

نبی کریم صلی اللہ علیہ وسلم کی معاشرتی اصلاحات

نبی کریم صلی اللہ علیہ وسلم نے اپنے اردگرد موجود لوگوں کی معاشرت کو دنیا کے لیے نمونہ بنانا تھا، سو اس لیے ان کی معاشرت کو بہتر سے بہترین بنایا، یہ نبی کریم صلی اللہ علیہ وسلم کی محنت ہی تھی کہ جو لوگ معاشرتی بدحالی کا شکار تھے وہی لوگ معاشرتی زندگی کے لیے کسوٹی اور پیمانہ بن گئے، جس معاشرے کے بارے میں اس وقت کے دانش ور اور زعماء یہ گمان کرتے تھے کہ یہ معاشرہ ڈیڈ لیول پر جاچکا ہے اور اب اس کی بہتری کی کوئی گنجائش باقی نہیں رہی وہی معاشرہ نبوی اصلاحات کی بدولت دنیا کا بہترین اور آئیڈیل معاشرہ کہلایا۔

نبی کریم صلی اللہ علیہ وسلم نے لوگوں کے دلوں سے ایک دوسرے کی نفرت کو نکال کر ایک دوسرے کے لیے محبت بھر دی، بلکہ اس سے بھی آگے ایثار اور قربانی کا جذبہ پیدا کر دیا کہ اپنی ذات اور ضروریات پر دوسرے مسلمان کی ضروریات مقدم لگنے لگیں، اپنی جان سے زیادہ دوسرے مسلمان کی جان عزیز ہونے لگی اور خون کے پیاسے محبت کے خوگر بن گئے، در در پر جھکنے والے ایک در کے ایسے غلام بنے کہ دنیا کی طاقتیں

ان کے قدموں تلے روندی جانے لگیں، نبی کریم صلی اللہ علیہ وسلم نے ان کی معاشرت کو ایسا سنوارا کہ وہ چرواہے جنہیں تہذیب وتمدن کا سرے سے پتا ہی نہیں تھا دنیا نے انہی کے تمدن سے اپنے معاشروں کے خطوط استوار کیے، انہی چراغوں سے روشنی لے کر اپنے عہدوں کو روشن کیا، انہی کے قدموں سے علم کے وہ سُوتے پھوٹے کہ آج تک معاشرت اور عمرانیات کے علوم ان کے در کے ریزہ چیں ہیں۔

نبوی معاشرے کے بنیادی اجزا میں سے ایک امر بالمعروف اور نہی عن المنکر تھا، نیکی کی تلقین اور برائی کی روک تھام، نبوی معاشرے کا ہر فرد اس عمل سے چوبیس گھنٹوں میں کبھی بھی غافل نہیں ہوتا تھا، اسی وجہ سے اس معاشرے میں کرائم لیول زیرو تھا، نہ صرف کرائم لیول زیرو تھا، بلکہ اسی امر بالمعروف اور نہی عن المنکر کی برکت سے نبوی معاشرہ جسمانی بیماریوں سے بھی محفوظ تھا۔

اسی طرح نبوی معاشرہ کو نبی کریم صلی اللہ علیہ وسلم نے: ﴿تَعَاوَنُوا عَلَى الْبِرِّ وَالتَّقْوَىٰ وَلَا تَعَاوَنُوا عَلَى الْإِثْمِ وَالْعُدْوَانِ﴾ " پر کھڑا کیا تھا کہ نیک کاموں میں ایک دوسرے کا بھرپور ساتھ دینا اور برے کاموں میں بالکل بھی ساتھ نہیں دینا، اس سے معاشرہ اخلاقی برائیوں سے بالکل پاک ہو گیا تھا۔

اسی طرح دین پر عمل کرنے کا جذبہ تمام کاموں اور تمام جذبوں پر غالب تھا، دینی تقاضا آنے کے بعد ان کے ذاتی تقاضے دور کہیں پیچھے رہ جاتے تھے، اسی طرح نبوی معاشرے کی ایک خاصیت یہ تھی کہ ان میں ایمان داری، خوف خدا، خشیت الٰہی، عفوو درگزر کوٹ کوٹ کر بھرا ہوا تھا، جس سے ان کی معاشرتی خوب صورتی کو چار چاند لگے اور وہ ایک مکمل متمدن معاشرہ کہلوایا۔

نبی کریم صلی اللہ علیہ وسلم کی معاشرتی زندگی

نبوی معاشرے کی جتنی بھی خوب صورتیاں ہم اوپر پڑھ کر آئے ہیں ان سب کی نبی کریم صلی اللہ علیہ وسلم نے صرف تبلیغ نہیں کی، بلکہ خود عمل کر کے صحابہ کرام رضوان اللہ تعالی علیہم اجمعین کو سکھلایا، نبی کریم صلی اللہ علیہ وسلم کی معاشرتی زندگی صحابہ کرام رضی اللہ عنہم کے لیے عملی نمونہ تھی اور نبی کریم صلی اللہ علیہ وسلم احکامات الٰہی پر عمل پیرا ہونے میں صحابہ کرام رضی اللہ عنہم سے کہیں زیادہ آگے اور مستعد تھے۔

نبی کریم صلی اللہ علیہ وسلم کی معاشرتی زندگی پر کوئی صاحب فکر و دانش انگلی نہیں اٹھا سکتا، اتنی جامع و مکمل معاشرتی زندگی دنیا میں آپ صلی اللہ علیہ وسلم کے علاوہ کسی کو عطا ہی نہیں کی گئی، حسنِ معاشرت کے تمام چشمے نبی کریم صلی اللہ علیہ وسلم کے قدموں سے پھوٹے، تہذیب و تمدن کی تمام رعنائیاں آپ صلی اللہ علیہ وسلم کے قدموں کے صدقے اس کائنات کے معاشروں کو خیرات کی گئیں، فلاح انسانی کے تمام رستے آپ صلی اللہ علیہ وسلم کی معاشرتی زندگی کے رہین منت ہیں، دنیاوی سطوت و اخروی نجات کی تمام جہتیں آپ صلی اللہ علیہ وسلم کے نقشِ پا میں پنہاں ہیں۔

آج کی جاں بلب انسانیت کو بھی نبوی تعلیمات اور نبوی معاشرت کی ضرورت ہے، ہمارا معاشرہ انسانیت کے لیول سے نیچے گر چکا ہے، عدل و انصاف نام کی کوئی چیز نہیں، گڈ گورننس نام کی چیز موجود نہیں، طاقت ور اور کم زور کے لیے قانون کی الگ الگ تشریحات کی جاتی ہیں، غرض آج کا معاشرہ بدحالی اور اخلاقی زبوں حالی کی ریڈ لائن عبور کر چکا ہے، ایسے میں بہت زیادہ ضروری ہے کہ ہم نبوی معاشرت کو آئیڈیل بنائیں اور انہی خطوط پر اپنے معاشرے کی تشکیل کریں۔

***

نبی اکرم صلی اللہ علیہ وسلم کی گھریلو زندگی

مفتی محمد راشد ڈسکوی

نبی اکرم صلی اللہ علیہ وسلم کی گھر سے باہر کی زندگی کا عمومی نقشہ

جناب نبی اکرم صلی اللہ علیہ وسلم کی گھر سے باہر کی زندگی جو سو فیصد اعلائے کلمۃ اللہ کے لیے کاوشوں پر مشتمل تھی، اپنوں (یعنی: اسلام قبول کر لینے والوں) اور غیروں (یعنی: غیر مسلموں) پر دین کی محنت، اسلامی نظام خلافت کے قیام کی ترتیب، اندرون عرب اور بیرون اشاعت اور غلبہ اسلام کی فکر وسوچ اور ترتیب، مسلمانوں کے سماجی، معاشرتی اور معاشی مسائل کے حل کی فکر اور پھر اس سب کے نتیجے میں (۲۳سال کی) نہایت ہی قلیل مدت میں ایک ایسے ماحول اور فضا کا قائم ہونا کہ جس میں ہر آنے والا اُسی رنگ میں رنگا جاتا تھا، یعنی: وہ جناب نبی اکرم صلی اللہ علیہ وسلم اور دین کی خاطر تن، من اور دھن، الغرض سب کچھ قربان کر دینے کا جذبہ اپنے اندر پیدا کر کے چلنے والا بن جاتا تھا۔

اور پھر جناب نبی اکرم صلی اللہ علیہ وسلم کی یہ محنت صرف زبانی جمع وخرچ ہی نہ تھی، بلکہ آپ صلی اللہ علیہ وسلم نے اپنا عملی کردار ایسا جامع ومکمل امت کے سامنے پیش کیا کہ اپنے تو اپنے، غیروں کو بھی اس پر انگلی اٹھانے کا موقع نہیں مل سکتا۔ وہ کردار ایسا مکمل اور نتیجہ خیز تھا کہ من جانب اللہ قرآن مجید میں بھی آپ علیہ السلام کی مبارک

زندگی کو بطورِ نمونہ سامنے رکھ کر اپنی زندگی کو اسی کے مطابق ڈھالنے کا قانون بنا دیا گیا۔ ﴿لَقَدْ كَانَ لَكُمْ فِي رَسُولِ اللَّهِ أُسْوَةٌ حَسَنَةٌ﴾۔ (الاحزاب:۲۱)

ترجمہ: فی الحقیقت تمہارے لیے رسول اللہ (صلی اللہ علیہ وسلم کی ذات) میں نہایت ہی حسین نمونہ (حیات) ہے۔

الغرض کہ آپ صلی اللہ علیہ وسلم کی خارجی زندگی کی ذمہ داریاں اتنی متنوع اور وسیع تر تھیں کہ ان کے ساتھ اپنے اہلِ خانہ اور افرادِ خاندان کے لیے وقت نکالنا اور ان کے حقوق کی رعایت کرنا، آج کے زمانہ کو دیکھتے ہوئے، ایک مشکل ترین بات تھی، لیکن آپ صلی اللہ علیہ وسلم کی سیرتِ مبارکہ کے مطالعہ سے یہ بات کھل کر سامنے آتی ہے کہ ازواج مطہرات ہوں یا اولاد، خدام ہوں یا اقربا، متعلقین ہوں یا احباب، آپ صلی اللہ علیہ وسلم ہر ایک کے حقوق کی اتنی رعایت فرماتے تھے اور اُسے اتنی محبت اور اہمیت دیتے تھے کہ وہ سمجھتا تھا کہ شاید آپ صلی اللہ علیہ وسلم سب سے زیادہ محبت اُسی سے کرتے ہیں اور زندگی کے کسی بھی موڑ پر آپ اس سے غافل نظر نہیں آتے تھے۔ ہر آن آپ صلی اللہ علیہ وسلم کو ان کے حقوق کی فکر دامن گیر رہتی تھی، اس کے نتیجے میں آپ صلی اللہ علیہ وسلم بیویوں کے حق میں ایک نہایت محبت کرنے والے شوہر، اولاد کے حق میں ایک شفیق و مہربان باپ، خدام کے حق میں ایک وسیع الظرف اور حلیم و بردبار آقا، دوست واحباب کے حق میں نہایت جانثار اور بے لوث ساتھی کی صورت میں نمایاں ہو کر سامنے آتے ہیں۔

گھر سے باہر کی زندگی میں آپ صلی اللہ علیہ وسلم مسجد میں مصلے پر کھڑے نمازیوں کی امامت کرتے ہوئے نظر آتے تھے، تو کبھی راہ نمائی طلب کرنے والوں کے لیے بہترین رہبر اور مشیر نظر آتے تھے، میدان جنگ میں نہایت دلیر و دانا سپہ سالار ہوتے

تھے تو قتال کی صفِ اول کے نہایت بے جگری سے لڑنے والے مجاہد بھی ہوتے تھے، آپ انصاف پسند عادل حاکم بھی تھے اور امت کی تربیت میں مشغول صاحبِ بصیرت معلّم بھی تھے۔ ساری اُمت جہنم سے بچ کر جنت میں جانے والی بن جائے اس کے لیے آپ صلی اللہ علیہ وسلم جہاں اُمت پر محنت فرماتے تھے وہاں اُن کے غم میں ہر ہر موقع پر اللہ تعالیٰ کے حضور نہایت عاجزی اور گڑ گڑا کر دعا کرتے ہوئے بھی نظر آتے تھے۔ اس زندگی میں آپ کی صفات میں "دائمُ الفکرۃ" اور "متواصلُ الاَحزان" کا ذکر ملتا ہے۔

گھر کے اندر کی زندگی کا عمومی نقشہ

لیکن گھر کے اندر کی زندگی میں آپ صلی اللہ علیہ وسلم کسی سخت مزاج اور جھگڑالو شوہر، باپ یا بھائی کے روپ میں نظر نہیں آتے، بلکہ بیویوں کے ساتھ انتہائی ہنس مکھ، اُن کی دل جوئی کرنے والے، اُن میں گھل مل کر رہنے والے، گھر کے کاموں میں اُن کا ہاتھ بٹانے والے، اُن کے دکھ درد میں شریک ہونے والے اور ہنسی مذاق، پیار و محبت سے زندگی بسر کرنے والے اور تمام اَزواج میں عدل و برابری کرنے والے تھے، بچوں کے ساتھ آپ بچے ہوتے تھے، اُن کو صرف کھلانے والے ہی نہیں، بلکہ اُن کے ساتھ بذاتِ خود کھیلنے والے ہوتے تھے۔

آپ صلی اللہ علیہ وسلم اپنے گھر والوں سے نہایت شفقت سے پیش آتے، اُن کی دل جوئی فرماتے اور تمام اہل خانہ کے ساتھ یکساں سلوک فرماتے۔ آپ صلی اللہ علیہ وسلم کی گھریلو زندگی؛ گھر سے باہر کی زندگی کی طرح تمام کیفیات سے معمور اور پُر کشش تھی۔ آپ صلی اللہ علیہ وسلم سوتے بھی تھے، جاگتے بھی تھے، کھاتے بھی تھے اور بھوکے بھی رہتے تھے، غرض زندگی کے جتنے بھی پہلو ہوسکتے ہیں آپ صلی اللہ علیہ وسلم کی گھریلو زندگی میں بھی پائے جاتے تھے۔ آپ صلی اللہ علیہ وسلم کی گھریلو زندگی میں بے

اعتدالی نہیں تھی، بلکہ ہر چیز ایک نظام کے تحت مرتب ہوتی تھی۔

*... آپ صلی اللہ علیہ وسلم کے گھر ہر قسم کے تکلفات اور دنیوی جاہ وجلال، رکھ رکھاؤ والے ظاہری پُر تعیش اَسباب سے خالی، لیکن سادگی اور صفائی وستھرائی کا خوب صورت منظر پیش کرنے والے ہوتے تھے۔

گھر میں آپ صلی اللہ علیہ وسلم کے اوقات کی تقسیم

*... آپ صلی اللہ علیہ وسلم کی گھریلو زندگی کے معمولات کی تشریح کرتے ہوئے حکیم الامت حضرت مولانا اشرف علی تھانوی صاحب رحمہ اللہ کے خلیفۂ مجاز عارف باللہ حضرت ڈاکٹر عبد الحئ صاحب رحمہ اللہ اپنی تصنیف "اسوۂ رسولِ اکرم صلی اللہ علیہ وسلم "میں بحوالہ شمائل ترمذی لکھتے ہیں کہ:

حضرت حسن رضی اللہ عنہ اپنے والد ماجد حضرت علی رضی اللہ عنہ سے روایت کرتے ہیں کہ آپ کا اپنے گھر میں اپنے ذاتی حوائج (طعام ومنام) کے لیے تشریف لے جانا ظاہر ہے اور آپ اس بات کے لیے منجاب اللہ ماذون ومامور تھے۔ سو آپ اپنے گھر میں تشریف لاتے تو اپنے گھر کے وقت کو تین حصوں میں تقسیم فرماتے۔

۱..ایک حصہ اللہ تعالیٰ کی عبادت کے لیے۔

۲..ایک حصہ اپنے گھر والوں کے معاشرتی حقوق ادا کرنے کے لیے (جس میں ان سے ہنسنا بولنا شامل تھا)۔

۳..اور ایک حصہ اپنے نفس کی راحت کے لیے۔

پھر اپنے حصہ کو اپنے اور لوگوں کے درمیان میں تقسیم فرمادیتے (یعنی اس میں سے بھی بہت سا وقت اُمت کے کام میں صرف فرماتے اور اِس حصہ وقت کو خاص احباب کے واسطہ سے عام لوگوں کے کام میں لگا دیتے، یعنی: اس حصۂ وقت میں عام لوگ تو نہ آسکتے

تھے، مگر خواص حاضر ہوتے اور دین کی باتیں سن کر عوام کو پہنچاتے، اِس طرح عام لوگ بھی اُن منافع میں شریک ہو جاتے)۔(المعجم الکبیر للطبرانی، الرقم:۴۱۴)

*... حضرت انسؓ نے بیان کیا:

نبی اکرم صلی اللہ علیہ وسلم کے چند صحابہ کرامؓ نے نبی اکرم صلی اللہ علیہ وسلم کی اَزواجِ مطہراتؓ سے آپ صلی اللہ علیہ وسلم کی خفیہ عبادت کا حال پوچھا، یعنی: جو عبادت آپ صلی اللہ علیہ وسلم گھر میں کرتے تھے (جب گھر میں آپ کی زندگی عام معمول کے مطابق سامنے آئی تو) ایک نے ان میں سے کہا کہ میں کبھی عورتوں سے نکاح نہیں کروں گا۔ کسی نے کہا: میں کبھی گوشت نہ کھاؤں گا۔ کسی نے کہا: میں کبھی بچھونے پر نہ سوؤں گا۔(یہ بات نبی اکرم صلی اللہ علیہ وسلم تک پہنچی تو آپ صلی اللہ علیہ وسلم نے انہیں بُلایا) اور پھر نبی اکرم صلی اللہ علیہ وسلم نے اللہ کی تعریف اور ثنا کی، یعنی: خطبہ پڑھا اور فرمایا: کیا حال ہے اُن لوگوں کا جو ایسا ایسا کہتے ہیں اور میرا تو یہ حال ہے کہ میں نماز بھی پڑھتا ہوں، یعنی: رات کو اور سو بھی جاتا ہوں اور روزہ بھی رکھتا ہوں اور افطار بھی کرتا ہوں اور عورتوں سے نکاح بھی کرتا ہوں۔ سو جو میرے طریقہ سے بے رغبتی کرے وہ میری امت میں سے نہیں ہے"۔(صحیح مسلم، الرقم:۳۴۰۳)

*... گھر میں عبادات کے درمیان اعتدال کے اعتبار سے مزید وضاحت ایک حدیث میں سامنے آتی ہے، جو حضرت انس بن مالکؓ سے مروی ہے، اُنہوں نے بیان کیا:

تین حضرات (حضرت علی بن ابی طالب، حضرت عبد اللہ بن عمرو بن العاص اور حضرت عثمان بن مظعون رضی اللہ عنہم) نبی اکرم صلی اللہ علیہ وسلم کی ازواج مطہراتؓ کے گھروں کی طرف آپ کی عبادت کے متعلق پوچھنے آئے، جب انہیں نبی اکرم صلی اللہ علیہ وسلم کا عمل بتایا گیا تو انہوں نے اسے کم سمجھا اور آپس میں کہا کہ ہمارا نبی اکرم

صلی اللہ علیہ وسلم سے کیا مقابلہ ؟ آپ کی تو تمام اگلی پچھلی لغزشیں معاف کر دی گئی ہیں۔ ان میں سے ایک نے کہا کہ آج سے میں ہمیشہ رات بھر نماز پڑھا کروں گا۔ دوسرے نے کہا کہ میں ہمیشہ روزے سے رہوں گا اور کبھی ناغہ نہیں ہونے دوں گا۔ تیسرے نے کہا کہ میں عورتوں سے جدائی اختیار کر لوں گا اور کبھی نکاح نہیں کروں گا۔ پھر نبی اکرم صلی اللہ علیہ وسلم تشریف لائے اور ان سے پوچھا کیا تم نے ہی یہ باتیں کہی ہیں؟ سن لو، اللہ تعالیٰ کی قسم! اللہ رب العالمین سے میں تم سب سے زیادہ ڈرنے والا ہوں اور میں تم میں سب سے زیادہ پرہیز گار ہوں، لیکن میں اگر روزے رکھتا ہوں تو افطار بھی کرتا ہوں، (رات میں) نماز بھی پڑھتا ہوں اور سوتا بھی ہوں اور میں عورتوں سے نکاح کرتا ہوں، "فَمَنْ رَغِبَ عَنْ سُنَّتِيْ فَلَيْسَ مِنِّيْ"، میرے طریقے سے جس نے بے رغبتی کی وہ مجھ میں سے نہیں ہے۔ (صحیح البخاری، الرقم:٥٠٦٣)

گھر میں آپ صلی اللہ علیہ وسلم کی نماز کی کیفیت

*... آپ صلی اللہ علیہ وسلم گھر میں نفل نماز بھی ادا کیا کرتے تھے، رات کے وقت میں تہجد کی نماز ادا فرماتے، وتر بھی تہجد کے وقت میں گھر میں ہی ادا فرماتے تھے، فجر کی سنتیں بھی اکثر گھر میں ہی ادا کر کے مسجد تشریف لے جاتے تھے۔ (صحیح البخاری، الرقم: ٦٢٦)

گھر میں قرآن مجید پڑھنے کی کیفیت

*... رات کے وقت میں نماز کے اندر اور نماز کے علاوہ "قرآن مجید کی تلاوت" بھی کرتے تھے۔ (صحیح مسلم، الرقم:٧٠٧) کبھی بلند آواز سے اور کبھی آہستہ آواز سے، حضرت عضیف بن حارثؓ کہتے ہیں کہ میں نے حضرت عائشہؓ سے دریافت کیا کہ کیا رسول اللہ صلی اللہ علیہ وسلم قرآن کو باآواز بلند پڑھتے تھے یا آہستہ آواز سے؟ انہوں نے

جواب دیا کہ کبھی بآواز بلند پڑھتے اور کبھی دھیمی آواز سے، میں نے کہا اللہ اکبر، الحمدللہ، اللہ نے اس کام میں وسعت رکھی۔ (سنن ابن ماجہ، الرقم:۱۳۵۴)

*... آپ صلی اللہ علیہ وسلم بسا اوقات ٹیک لگا کر بھی قرآن پڑھتے تھے، حضرت عائشہؓ سے روایت ہے، فرماتی ہیں کہ رسول اللہ صلی اللہ علیہ وسلم ہم (اَزواج مطہرات) میں سے کسی کے گود میں سر رکھتے تھے اور قرآن پڑھتے تھے، جب کہ وہ حیض سے ہوتی تھیں۔ (صحیح البخاری، الرقم:۲۹۷)

گھر میں اللہ سے دعا کرنا

*...رات کے وقت اکثر نماز تہجد میں دیر تک دعائیں کرتے تھے، اپنے لیے بھی اور اُمت کے لیے بھی، دورانِ قراءت آیات رحمت پر رحمت کی دعائیں اور آیاتِ عذاب پر عذاب سے پناہ کی دعائیں کیا کرتے تھے اور دعاؤں میں اتنا روتے تھے کہ داڑھی مبارک آنسوؤں سے تر ہو جاتی۔ (صحیح مسلم، الرقم:۷۷۲)

گھر میں داخل ہونے کا نبوی طریقہ

*... نبی کریم صلی اللہ علیہ وسلم اچانک گھر میں کبھی تشریف نہ لاتے تھے کہ گھر والوں کو پریشان کر دیں، بلکہ اس طرح تشریف لاتے کہ گھر والوں کو پہلے سے آپ کی تشریف آوری کا علم ہوتا۔ (صحیح البخاری، الرقم:۱۵۰۱)

حضرت جابر بن عبد اللہؓ سے روایت ہے: "نَهَى رَسُولُ اللّٰهِ صلی اللہ علیہ وسلم اَنْ يَطْرُقَ الرَّجُلُ اَهْلَهُ لَيْلًا يَتَخَوَّنُهُمْ اَوْ يَلْتَمِسُ عَثَرَاتِهِمْ".

ترجمہ: نبی اکرم صلی اللہ علیہ وسلم نے اس بات سے منع فرمایا ہے کہ انسان رات کو

(اچانک) گھر والوں کے پاس جا پہنچے اور ان کو خیانت (جس طرح خاوند نے کہا ہوا ہے، اس طرح نہ رہنے) کا مرتکب سمجھے اور ان کی کمزوریاں ڈھونڈے۔ (صحیح مسلم، الرقم:۴۹۶۹)

کیوں کہ اس میں ایک تو گمان بد ہے، جو شریعت میں منع ہے۔ دوسرے عورت کی دل شکنی کا باعث ہے اور اس میں صدہا قباحتیں ہیں۔

بالخصوص جب کوئی شخص سفر سے واپس آئے تو اس کے لیے اور زیادہ اہتمام کیا گیا ہے کہ وہ اپنے گھر میں اچانک نہ آئے بلکہ اطلاع دے کر آئے، چناں چہ حضرت جابر بن عبد اللہؓ سے روایت ہے، ایک جہاد میں ہم رسول اللہ صلی اللہ علیہ وسلم کے ساتھ تھے، جب ہم اس جہاد سے واپس مدینہ آئے تو ہم اپنے گھروں کو جانے لگے۔ تو آپ صلی اللہ علیہ وسلم نے فرمایا: "أَمْهِلُوا حَتَّى نَدْخُلَ لَيْلًا، أَيْ عِشَاءً كَيْ تَمْتَشِطَ الشَّعِثَةُ وَتَسْتَحِدَّ الْمُغِيبَةُ". (صحیح مسلم، الرقم:۴۹۶۴)

ترجمہ: "ٹھہرو، ہم رات کو جائیں گے، تاکہ جس عورت کے سر کے بال پریشان حال ہیں تو وہ کنگھی کرلے اور جس کا خاوند غائب تھا وہ پاکی کرے (یعنی بال وغیرہ صاف کرلے)۔

*...گھر میں داخل ہونے کے بعد آپ صلی اللہ علیہ وسلم سلام کرتے۔ (سنن أبو داؤد، الرقم:۵۹۶) جب آپ اندر تشریف لاتے تو کچھ نہ کچھ دریافت فرمایا کرتے۔ بسا اوقات پوچھتے کہ کیا کچھ کھانے کو ہے... (سنن الترمذي، الرقم:۲۴۷۰) اور بسا اوقات خاموش رہتے، یہاں تک کہ ماحضر پیش کر دیا جاتا۔ نیز منقول ہے کہ جب آپ گھر میں تشریف لاتے یہ دعا پڑھتے: "اَلْحَمْدُ للهِ الَّذِي كَفَانِيْ وَاٰوَانِيْ وَالْحَمْدُ للهِ الَّذِيْ اَطْعَمَنِيْ وَسَقَانِيْ وَالْحَمْدُ للهِ الَّذِيْ مَنَّ عَلَيَّ، اَسْأَلُکَ اَنْ تُجِيْرَنِيْ مِنَ النَّارِ".

ترجمہ: "تمام تعریفیں اللہ تعالیٰ کے لیے ہیں، جس نے میری (تمام ضروریات کی) کفایت فرمائی اور مجھے ٹھکانا بخشا اور تمام تعریفیں اللہ تعالیٰ کے لیے ہیں جس نے مجھے کھلایا اور پلایا اور تمام تعریفیں اللہ تعالیٰ کے لیے ہیں جس نے مجھ پر احسان فرمایا، (اے اللہ!) میں آپ سے درخواست کرتا ہوں کہ آپ مجھے (عذابِ) نار سے بچا لیجیے۔

گھر میں آپ صلی اللہ علیہ وسلم کے کام

*... حضرت اسودؓ سے روایت ہے کہ میں نے حضرت عائشہؓ سے پوچھا کہ رسول اللہ صلی اللہ علیہ وسلم اپنے گھر والوں میں آکر کیا کیا کرتے تھے؟ انہوں نے فرمایا کہ اپنے گھر والوں کی خدمت، یعنی گھریلو زندگی میں حصہ لیتے تھے۔ (مخدوم اور ممتاز بن کر نہ رہتے تھے، بلکہ گھر کا کام بھی کر لیتے تھے، مثلاً: بکری کا دودھ دوھ لینا۔ اپنی نعلین مبارک سی لینا) اور جب نماز کا وقت آتا تو مسجد چلے جاتے۔ (سنن الترمذی، الرقم:۲۴۸۹)

گھر میں بیوی بچوں کے ساتھ برتاؤ

*... حضور اکرم صلی اللہ علیہ وسلم اپنے گھر والوں اور خادموں کے ساتھ بہت خوش اَخلاقی کا سلوک فرماتے اور کبھی کسی سے سرزنش اور سختی سے پیش نہ آتے۔ (مسلم:۲۳۰۹) حضور اکرم صلی اللہ علیہ وسلم گھر والوں کے لیے اس کا بڑا اہتمام فرماتے کہ کسی کو کسی بات کی ناگواری نہ ہو۔ (مسلم:۲۰۵۵)

*... حضور اکرم صلی اللہ علیہ وسلم اَزواج مطہراتؓ کے پاس ہوتے تو بہت نرمی، خاطرداری کرتے اور بہت اچھی طرح ہنستے بولتے تھے۔ (سنن الترمذی، الرقم:۱۱۶۲)

بیوی بچوں کی عبادات کی فکر

بہت ساری احادیث میں نبی اکرم صلی اللہ علیہ وسلم کی زندگی کا یہ پہلو بھی موجود ہے کہ آپ صلی اللہ علیہ وسلم اپنے گھر کے افراد کو بھی اپنے ساتھ عبادت میں شریک

کرتے تھے اور گاہے گاہے انہیں بھی اللہ کی عبادت کی طرف متوجہ کرتے رہتے تھے۔

آپ صلی اللہ علیہ وسلم کی نیند کی مقدار

*... آپ صلی اللہ علیہ وسلم ابتدائے شب میں سوتے (صحيح البخاري، الرقم:٥٨٦) اور نصف شب کی ابتدا میں بیدار ہو جاتے، اُٹھ کر مسواک فرماتے اور وضو کر کے جس قدر اللہ تعالیٰ نے مقدر کر رکھی ہوتی نماز پڑھتے۔ گویا بدن کے جملہ اعضاء اور تمام قویٰ کو نیند اور استراحت سے حصہ مل جاتا۔ (المعجم الكبير للطبراني،١٣٥٩٨)

*... آپ صلی اللہ علیہ وسلم ضرورت سے زیادہ نہیں سوتے تھے اور ضرورت سے زیادہ جاگتے بھی نہ تھے، چناں چہ جب ضرورت لاحق ہوتی تو آپ دائیں طرف اللہ کا ذکر کرتے ہوئے آرام فرماتے، حتیٰ کہ آپ کی آنکھوں پر نیند غالب آجاتی (صحيح البخاري، الرقم:٧٢٤٧)۔ اس وقت آپ شکم سیر نہ ہوتے۔ نہ آپ سطح زمین پر لیٹ جاتے اور نہ زمین سے بچھونا زیادہ اونچا ہوتا، بلکہ آپ صلی اللہ علیہ وسلم کا بستر چمڑے کا ہوتا۔ جس کے اندر کھجور کی چھال بھری ہوتی۔ آپ تکیہ پر ٹیک لگاتے اور کبھی رخسار کے نیچے ہاتھ رکھ لیتے اور سب سے بہتر نیند دائیں جانب کی ہے۔

*... حضور اکرم صلی اللہ علیہ وسلم کی نیند بقدر اعتدال تھی۔ قدر ضرورت سے زیادہ نہ سویا کرتے تھے اور نہ قدر ضرورت سے زیادہ اپنے آپ کو سونے سے باز رکھا کرتے تھے۔ یعنی حضور اکرم صلی اللہ علیہ وسلم نیند بھی فرماتے اور قیام بھی فرماتے، جیسا کہ نوافل و عبادت میں حضور صلی اللہ علیہ وسلم کی عادت کریمہ تھی، کبھی رات میں سو جاتے، پھر اٹھ کر نماز پڑھتے، اس کے بعد پھر سو جاتے۔ اس طرح چند بار سوتے اور اٹھتے تھے۔ اس صورت میں یہ بات درست ہے کہ جو نیند میں دیکھنا چاہتا وہ بھی دیکھ لیتا اور جو بیدار دیکھنا چاہتا وہ بھی دیکھ لیتا۔

آپ صلی اللہ علیہ وسلم کا بستر استراحت

*... حضرت امام باقرؒ فرماتے ہیں کہ حضرت عائشہؓ سے کسی نے پوچھا کہ آپ صلی اللہ علیہ وسلم کے یہاں حضور صلی اللہ علیہ وسلم کا بستر کیسا تھا؟ انہوں نے فرمایا کہ چمڑے کا تھا، جس میں کھجور کے درخت کی چھال بھری ہوئی تھی۔ حضرت حفصہؓ سے کسی نے پوچھا کہ آپ کے گھر میں آپ صلی اللہ علیہ وسلم کا بستر کیسا تھا؟ آپؓ نے فرمایا ایک ٹاٹ تھا جس کو دوہرا کر کے ہم حضور صلی اللہ علیہ وسلم کے نیچے بچھایا کرتے تھے تو ایک روز مجھے خیال ہوا کہ اگر اس کو چوہرا کر کے بچھادیا جائے تو زیادہ نرم ہو جائے گا۔ میں نے اسی طرح بچھادیا۔ حضور صلی اللہ علیہ وسلم نے صبح کو دریافت فرمایا کہ میرے نیچے رات کو کیا چیز بچھائی تھی؟ میں نے عرض کیا کہ وہی روزمرہ کا بستر تھا، رات کو اس کو چوہرا کر دیا تھا، تاکہ زیادہ نرم ہو جائے۔ حضور اکرم صلی اللہ علیہ وسلم نے فرمایا اس کو پہلے ہی حال پر رہنے دو، اس کی نرمی رات کو مجھے تہجد سے مانع ہوئی۔ (الشمائل المحمدیۃ للترمذی، الرقم:۳۳۰)

ؤ... حضرت عائشہؓ سے روایت ہے کہ ایک مرتبہ ایک انصاری عورت نے حضور صلی اللہ علیہ وسلم کا بستر دیکھا کہ عبا بچھا رکھی ہے، انہوں نے ایک بستر جس میں اون بھری ہوئی تھی تیار کر کے حضور صلی اللہ علیہ وسلم کے لیے میرے پاس بھیج دیا۔ جب حضور اکرم صلی اللہ علیہ وسلم تشریف لائے تو اس کو رکھا ہوا دیکھا تو دریافت فرمایا یہ کیا ہے؟ میں نے عرض کیا کہ فلاں انصاری عورت نے حضور صلی اللہ علیہ وسلم کے لیے بنوا کر بھیجا ہے۔ حضور صلی اللہ علیہ وسلم نے ارشاد فرمایا کہ اس کو واپس کر دو اور یہ ارشاد فرمایا کہ اللہ کی قسم! اگر میں چاہوں تو اللہ تعالی سونے اور چاندی کے پہاڑ میرے ساتھ کر دیں۔ (شعب الإیمان للبیھقي، الرقم:۱۴۶۸)۔

*... حضرت عبداللہ بن مسعودؓ فرماتے ہیں کہ ایک مرتبہ حضور صلی اللہ علیہ وسلم کی خدمت میں حاضر ہوا تو آپ صلی اللہ علیہ وسلم ایک بوریے پر آرام فرمارہے تھے، جس کے نشانات حضور اقدس صلی اللہ علیہ وسلم کے بدن اطہر پر ظاہر ہورہے تھے، میں یہ دیکھ کر رونے لگا۔ حضور صلی اللہ علیہ وسلم نے فرمایا کیا بات ہے؟ کیوں رو رہے ہو؟ میں نے عرض کیا یارسول اللہ! یہ قیصر و کسریٰ تو ریشم و مخمل کے گدوں پر سوئیں اور آپ صلی اللہ علیہ وسلم اس بوریے پر۔ آنحضرت صلی اللہ علیہ وسلم نے فرمایا رونے کی بات نہیں ہے، ان کے لیے دنیا ہے اور ہمارے لیے آخرت ہے، میری مثال تو اس راہ گیر کی سی ہے جو چلتے چلتے راستے میں ذرا آرام لینے کے لیے کسی درخت کے سایہ کے نیچے بیٹھ گیا ہو اور تھوڑی دیر بیٹھ کر آگے چل دیا ہو (المعجم الکبیر للطبرانی، الرقم:۱۰۳۲۷)۔

*... حضرت میمونہ بنت حارثؓ سے مروی ہے کہ رسول اللہ صلی اللہ علیہ وسلم چٹائی پر نماز پڑھ لیا کرتے تھے (صحیح البخاری، الرقم:۳۷۹)۔

آپ صلی اللہ علیہ وسلم کا انداز استراحت

حضرت براءؓ فرماتے ہیں کہ حضور اقدس صلی اللہ علیہ وسلم جس وقت آرام فرماتے اپنا دایاں ہاتھ رخسار کے نیچے رکھتے اور یہ دعا پڑھتے: "رَبِّ قِنِيْ عَذَابَکَ يَوْمَ تَبْعَثُ عِبَادَکَ"۔ (سنن ابو داؤد، الرقم:۵۰۴۵)

ترجمہ: اے رب! تو مجھے اپنے عذاب سے بچائیو جس روز تو اپنے بندوں کو اٹھائے گا۔

*... حضرت حذیفہؓ فرماتے ہیں کہ رسول اللہ صلی اللہ علیہ وسلم جب بستر پر تشریف لے جاتے تو یہ دعا پڑھتے: "اَللّٰهُمَّ بِاسْمِکَ اَمُوْتُ وَاَحْيَا"۔ (صحيح البخاري، الرقم:

۶۳۲۵)ترجمہ: اے اللہ! میں تیرا نام لے کر مرتا ہوں اور جیتا ہو۔

*... اور جب جاگتے تو یہ دعا پڑھتے: "اَلْحَمْدُ لِلّٰہِ الَّذِيْ اَحْیَانَا بَعْدَ مَا اَمَاتَنَا وَاِلَیْہِ النُّشُوْرُ"۔ (صحیح البخاری، الرقم: ۶۳۲۵) ترجمہ: سب تعریفیں اللہ ہی کے لیے ہیں جس نے ہمیں مار کر زندگی بخشی اور ہم کو اسی کی طرف اٹھ کر جانا ہے۔

*... حضرت عائشہؓ فرماتی ہیں کہ حضور اقدس صلی اللہ علیہ وسلم ہر رات میں جب بستر پر لیٹتے تھے تو دونوں ہاتھوں کو دعا مانگنے کی طرح ملا کر سورہ اخلاص اور معوذ تین پڑھ کر ان پر دم فرماتے، پھر تمام بدن پر سر سے پاؤں تک جہاں جہاں ہاتھ جاتا، ہاتھ پھیر لیا کرتے۔ تین مرتبہ ایسا ہی کرتے، سر سے ابتدا کرتے اور پھر منھ اور بدن کا اگلا حصہ، پھر بدن کا پچھلا حصہ۔ (صحیح البخاري، الرقم: ۵۷۱۸)

*... نبی کرم صلی اللہ علیہ وسلم سے سونے کے وقت مختلف دعائیں اور کلام اللہ کی مختلف سورتیں پڑھنا بھی ثابت ہے، مثلا: سورہ بقرہ کی آخری دو آیتیں، سورہ ملک، سورہ الم سجدہ، سورہ کافرون وغیرہ۔ (صحیح البخاری، الرقم: ۴۰۰۸)

*... منقول ہے کہ جو شخص آیت الکرسی سوتے وقت پڑھے اللہ کی طرف سے ایک فرشتہ محافظ اس کے لیے مقرر ہو جاتا ہے، جو جاگنے کے وقت تک اس کی حفاظت کرتا رہتا ہے۔ (صحیح البخاری، الرقم: ۲۳۱۱)

*... حضرت انسؓ فرماتے ہیں کہ حضور اقدس صلی اللہ علیہ وسلم جب اپنے بستر پر تشریف لے جاتے تو یہ دعا پڑھتے: "اَلْحَمْدُ لِلّٰہِ الَّذِيْ اَطْعَمَنَا وَسَقَانَا وَکَفَانَا وَآوَانَا، فَکَمْ مِمَّنْ لَا کَافِيَ لَہٗ وَلَا مُؤْوِيَ"۔ (صحیح مسلم، الرقم: ۶۸۹۴)

ترجمہ: تمام تعریفیں اللہ کے لیے ہیں جس نے ہمیں کھلایا اور ہماری (تمام ضروریات کی) کفالت فرمائی اور ہمیں ٹھکانا بخشا۔ چناں چہ کتنے ہی ایسے لوگ ہیں جن کا نہ

کوئی کفالت کرنے والا ہے اور نہ کوئی انہیں ٹھکانہ دینے والا ہے۔

*... نبی اکرم صلی اللہ علیہ وسلم اوندھے منہ سونے سے منع فرمایا کرتے تھے۔ (سنن الترمذی، الرقم ۲۷۶۸)

* * *

ازدواجی زندگی اور اُسوۂ نبوی صلی اللہ علیہ وسلم
مولانا وسیم احمد خلیلی

حیات انسانی کا ایک اہم شعبہ آدمی کی "ازدواجی زندگی" ہے، جس میں ایک مرد اور عورت کو ہمدردی، مروت اور محبت کے ساتھ دکھ سکھ کا ساجھی بن کر شریک حیات بننا پڑتا تھے۔ مرد و عورت کے اس خاص ملاپ کا اسلامی نام "نکاح" ہے۔ زندگی کے اس اہم شعبے میں جس قدر خرابیاں اور بد مزگیاں پیدا ہوتی ہیں اس کی وجہ اس کے سوا اور کچھ نہیں کہ شادی کرنے والا جوڑا اپنے ازدواجی تعلقات میں حضور صلی اللہ علیہ وسلم کی عالی تعلیمات سے مستغنی ہو کر من مانی کرنے لگتا ہے، جس کا نتیجہ دونوں یا ایک کی زندگی کے لیے تباہ کن اور دو گھروں کی بربادی کی صورت میں ظاہر ہوتا ہے۔ اس تباہی و بربادی سے بچنے کی صرف ایک صورت ہے کہ میاں بیوی اپنی من مانی اور دوسری قوموں کی نقالی کی بجائے آں حضرت صلی اللہ علیہ وسلم کے بتلائے ہوئے اصولوں کے مطابق زندگی گزارنے کی کوشش کریں۔ پیش نظر مضمون میں انہی اصول وضوابط میں سے چند اصول منتخب کر کے درج کیے گئے ہیں۔

بیوی کے حقوق

حضرت عقبہ بن عامر رضی اللہ عنہ سے روایت ہے رسول اللہ صلی اللہ علیہ وسلم نے فرمایا: نکاح کی شرطیں پوری کرنے کا سب سے زیادہ خیال رکھو۔ (متفق علیہ) یعنی

نکاح کی بنا پر جو چیزیں تم نے اپنے اوپر لازم کرلی ہیں، ان کی ادائی کا بہت زیادہ خیال رکھو۔ مثلاً مہر ادا کرنا، بیوی کے کھانے پینے اور لباس کا خیال رکھنا، اس کے لیے مناسب رہائش کا انتظام کرنا، اس سے اچھا برتاؤ کرنا، خوش اخلاقی سے پیش آنا وغیرہ۔ بعض لوگ زبردستی بیوی سے مہر معاف کراتے ہیں اور وہ بے چاری بھی اوپری طور پر معاف کر دیتی ہے یا ادائی سے لاپرواہی کرتے ہیں کہ وہ تو مطالبہ ہی نہیں کرتی۔ حالاں کہ یہ جائز نہیں، مہر مرد کے ذمے عورت کا ایک قرض ہے، جو عدم مطالبہ یا زبردستی معاف کرانے سے ختم نہیں ہوتا، جب تک کہ عورت خوشی سے معاف نہ کردے، بعض لوگ والدین اور بھائی، بہنوں کی وجہ سے بیوی کے نان نفقہ میں تنگی کرتے ہیں کہ ساری کمائی لاکر والدین کو ہی دے دی اور بیوی بے چاری ضروری خرچے کے لیے بھی پریشان ہے، حالاں کہ مسئلہ یہ ہے کہ اگر کسی شخص کی آمدن اتنی ہے کہ وہ ماں باپ پر خرچ کرے تو بیوی کو نہیں دے سکتا اور اگر بیوی کو دے تو ماں باپ کے لیے نہیں بچتا تو ایسی صورت میں بیوی پر خرچ کرنا ضروری ہے۔

بہترین انسان

حضرت عائشہ رضی اللہ عنہا فرماتی ہیں، حضور صلی اللہ علیہ وسلم نے فرمایا: تم میں بہترین شخص وہ ہے جو اپنے بیوی بچوں کے ساتھ سب سے اچھا سلوک کرے اور میں تم سب میں زیادہ بہتر ہوں (سلوک کے اعتبار سے) اپنے گھر والوں کے ساتھ، (یعنی میرا سلوک اپنی بیویوں کے ساتھ تم سب میں بہتر ہے اور تم پر میرا اتباع کرنا ضروری ہے)۔

ترمذی میں انھی سے ایک اور روایت ہے، آپ صلی اللہ علیہ وسلم نے فرمایا: مسلمانوں میں سب سے زیادہ کامل ایمان والا وہ ہے جس کے اخلاق سب سے اچھے ہوں اور اپنی بیوی کے ساتھ سب سے زیادہ نرمی کا برتاؤ کرتا ہو۔ معلوم ہوا کہ بیوی کے ساتھ نرمی

اور مہربانی کا معاملہ کرنا چاہیے اور خوش اخلاقی سے پیش آنا چاہیے، کیوں کہ وہ نہایت ہی قابل رحم ہے۔ ایک تو اس بنا پر کہ وہ ضعیف ہوتی ہے، دوسرے عاجز و بے بس ہوتی ہے، جب کہ مرد با اختیار اور زور آور ہوتا ہے۔

عورت کا فطری ٹیڑھا پن

حضور صلی اللہ علیہ وسلم نے فرمایا: عورتوں کے ساتھ بھلائی کرنے کی میری وصیت قبول کرو، اس لیے کہ عورتیں (ٹیڑھی) پسلی سے پیدا کی گئی ہیں اور سب سے زیادہ ٹیڑھی پسلی اوپر کی ہے۔ پس اگر تم اس پسلی کو سیدھا کرنا چاہو گے تو ٹوٹ جائے گی اور اگر اس کے حال پر چھوڑ دو گے تو ہمیشہ ٹیڑھی ہی رہے گی، سو عورتوں کے حقوق میں میری وصیت قبول کرو۔ (متفق علیہ) حضرات علماء فرماتے ہیں کہ عورتوں کے اندر پیدائشی طور پر اعمال و اخلاق اور عادات میں کجی ہے۔ اگر مرد چاہیں کہ اس کو بالکل درست کر دیں تو نتیجتاً اس کو توڑ ڈالیں گے، یعنی طلاق تک نوبت پہنچے گی (جیسے ٹیڑھی پسلی کو سیدھا کرنا چاہیں تو وہ ٹوٹ جائے گی) لہٰذا ان سے فائدہ اٹھانے کی یہی صورت ہے کہ شریعت کے دائرہ میں ان سے اپنے معاملات اچھے رکھو اور ان کے ٹیڑھے پن کو نظر انداز کر دو، ان سے یہ توقع نہ رکھو کہ وہ سب کام تمہاری مرضی کے موافق کریں۔

عورت کی زیادتی پر صبر

حضرت ابوہریرہ رضی اللہ عنہ سے روایت ہے کہ کوئی مسلمان مرد اپنی عورت سے بالکلیہ بغض نہ رکھے، کیوں کہ اگر اس کی کوئی بات ناگوار ہو گی تو دوسری کوئی بات پسند بھی ہو گی۔ (مسلم) کیوں کہ عورت کے تمام اخلاق و عادات بُرے نہیں ہوتے، اگر کچھ افعال بُرے ہوتے ہیں تو کچھ اچھے بھی ضرور ہوتے ہیں۔ پس ہم کو اس کی خوبیوں پر نظر کرنی چاہیے اور بُری عادتوں پر صبر کرنا چاہیے اور ان کی اذیتوں اور نقصانات کو برداشت

کرنا چاہیے۔ قرآن کریم میں ارشاد باری تعالیٰ ہے: "اور ان عورتوں کے ساتھ خوبی سے گزر بسر کرو اور اگر وہ تم کو ناپسند ہوں تو (یہ سمجھ کر برداشت کرو کہ) ممکن ہے تم ایک شے کو ناپسند کرو اور اللہ تعالیٰ اس کے اندر کوئی بڑی منفعت رکھ دے (مثلاً وہ تمہاری خدمت گزار اور آرام کا خیال رکھنے والی اور ہم درد ہو)۔ (سورۂ نساء)

عورت کے جذبات کا لحاظ رکھنا

حضرت عائشہ رضی اللہ عنہا فرماتی ہیں: میں حضور صلی اللہ علیہ وسلم کے گھر میں گڑیوں سے کھیلا کرتی تھی اور میری سہیلیاں بھی میرے ساتھ کھیلتی تھیں، جو حضور صلی اللہ علیہ وسلم تشریف لاتے تو میری سہیلیاں (شرم کے باعث) چھپ جاتیں۔ تب حضور صلی اللہ علیہ وسلم ان کو میرے پاس بھیج دیتے، ہم پھر کھیلنا شروع کر دیتیں۔ (متفق علیہ) انہی سے ایک روایت ہے: ایک مرتبہ حضور صلی اللہ علیہ وسلم ان کے حجرے کے دروازے پر کھڑے ہوئے اور اُوٹ سے ان کو حبشیوں کے نیزہ بازی کے کرتب دکھائے۔ ان روایات سے معلوم ہوا کہ عورتوں کی دل داری اور ان کے جذبات و خیالات کا لحاظ رکھنا چاہیے۔

شوہر کی اطاعت کا اجر و ثواب

حضرت انس رضی اللہ عنہ روایت کرتے ہیں، رسول اللہ صلی اللہ علیہ وسلم نے فرمایا: جس عورت نے پانچوں وقت کی نماز پڑھی اور رمضان المبارک کے روزے رکھے اور اپنے آپ کو پاک دامن رکھا اور اپنے شوہر کی اطاعت کی، ایسی عورت کو اختیار ہے جنت میں جس دروازے سے چاہے داخل ہو جائے۔ (مشکوٰۃ) سبحان اللہ! کتنا بڑا مرتبہ ہے شوہر کی اطاعت کرنے والی نیک بیوی کا کہ جنت کے آٹھ دروازوں میں سے کسی بھی دروازے سے داخل ہونے کا اس کو اختیار دے دیا جائے گا۔ رسول صلی اللہ علیہ وسلم نے

فرمایا: اے عورت! دیکھ لے تیری جنت اور دوزخ تیرا خاوند ہے (طبقات ابن سعد) یعنی اپنے خاوند کو راضی اور خوش رکھے گی تو جنت کی مستحق ہو گی، بصورتِ دیگر جہنم میں جائے گی۔

خاوند کی اطاعت کی تاکید

حضرت عائشہ رضی اللہ عنہا فرماتی ہیں: حضور صلی اللہ علیہ وسلم مہاجرین وانصار کی جماعت میں تشریف فرما تھے، اتنے میں ایک اونٹ آیا اور آپ کو سجدہ کیا۔ اس پر صحابہ کرام رضی اللہ عنہم نے عرض کیا: یارسول اللہ! جب آپ کو جانور اور درخت بھی سجدہ کرتے ہیں تو ہم زیادہ حق رکھتے ہیں کہ آپ کو سجدہ کریں (یہ سن کر) آپ صلی اللہ علیہ وسلم نے فرمایا: اپنے رب کی عبادت کرو اور میری تعظیم کرو، اگر میں کسی کی بابت سجدہ کرنے کا حکم دیتا تو میں عورت کو حکم کرتا کہ وہ اپنے خاوند کو سجدہ کرے اور (خاوند کا اتنا بڑا حق ہے کہ) اگر وہ یہ کہے کہ زرد پہاڑ سے پتھر اٹھا کر کالے پہاڑ پر لے جا اور کالے سے سفید پہاڑ پر لے آ تو عورت کے ذمہ ضروری ہے کہ اس کے حکم کی تعمیل کرے۔ (مسند احمد)

نیز شوہر کی حیثیت سے زیادہ خرچ نہ مانگے، کسی ایسی چیز کی فرمائش نہ کرے جس کا مہیا کرنا اس کے بس میں نہ ہو، کسی بات پر ضد نہ کرے اور شوہر کے سامنے اس کو زبان پر نہ لائے، تاکہ مرد کو رنج نہ ہو، شوہر کوئی چیز لائے تو، خواہ پسند آئے یا نہ آئے، ہمیشہ اس پر خوشی ظاہر کرے، یہ نہ کہے کہ یہ چیز اچھی نہیں، اس سے شوہر کا دل نہ چاہے گا، شوہر کو کسی بات پر غصہ آگیا تو ایسی بات نہ کہے کہ جس سے اس کا غصہ اور زیادہ ہو جائے اور اگر وہ کسی بات پر ناراض ہو جائے تو خوشامد کر کے اس کو منالے، خواہ قصور اسی کا ہو اور معذرت کر کے اپنا قصور معاف کرانے کو اپنے لیے فخر وعزت سمجھے۔

خلاصہ کلام یہ کہ اگر میاں بیوی دونوں ایک دوسرے کے حقوق کا خیال رکھیں اور دونوں ہی آپس میں نرمی و مہربانی کا برتاؤ کریں اور ایک دوسرے سے خوش اخلاقی سے پیش آئیں اور آپس کے حقوق کے بارے میں اللہ سے ڈرتے رہیں تو زندگی دنیا میں ہی جنت کا نمونہ بن سکتی ہے۔ اللہ تعالیٰ ہم سب کو عمل کی توفیق عطا فرمائے۔ آمین!

٭٭٭

سیرت نبوی اور ہمارا طرزِ عمل

مولانا زاہد مکھیالوی

سید الکونین خاتم الانبیا حضرت رسول کریم صلی اللہ علیہ وسلم کی پیدائش سے لے کر وفات تک، بچپن، جوانی اور آپ صلی اللہ علیہ وسلم کا بڑھاپا آپ صلی اللہ علیہ وسلم کے اقوال وافعال، آپ صلی اللہ علیہ وسلم کی عبادت، آپ کی معاشرت، آپ صلی اللہ علیہ وسلم کے عقائد، آپ صلی اللہ علیہ وسلم کے اخلاق، آپ صلی اللہ علیہ وسلم کا رہن سہن غرض یہ کہ زندگی کے ہر موڑ اور ہر گوشہ کا نام سیرت ہے۔ عقل و فہم اور دینی شعور رکھنے والے کسی بھی مسلمان پر یہ بات بھی ڈھکی چھپی نہیں کہ انسانی زندگی کے لیے نبی کریم صلی اللہ علیہ وسلم کی عالی ذات میں بہترین نمونہ ہے۔ قرآن کریم میں اللہ رب العزت نے ارشاد فرمایا: ﴿لَقَدْ كَانَ لَكُمْ فِي رَسُولِ اللّٰهِ اُسْوَةٌ حَسَنَةٌ﴾. (الاحزاب:۲۱) اللہ کے رسول میں تمہارے لیے بہترین نمونہ ہے۔ نیز امتِ مسلمہ کے لیے آپ کی بے پایاں شفقت ومہربانی اور مسلمانوں کی خیر وفلاح کے لیے قلبی تڑپ اور جہد مسلسل کے وقیع مضامین سے قرآن وحدیث بھرے ہوئے ہیں، چناں چہ قرآن کریم میں ایک مقام پر ارشاد باری ہے:

﴿لَقَدْ جَاءَكُمْ رَسُولٌ مِّنْ اَنْفُسِكُمْ عَزِيزٌ عَلَيْهِ مَا عَنِتُّمْ حَرِيصٌ عَلَيْكُمْ بِالْمُؤْمِنِينَ رَءُوفٌ رَّحِيمٌ﴾. (التوبہ:۱۲۸)

ترجمہ: تمہارے پاس تمہیں میں سے ایک رسول تشریف لائے ہیں، ان پر تمہاری تکلیف بھاری ہے اور وہ تمہاری بھلائی کے حریص ہیں اور ایمان والوں پر نہایت شفیق و مہر بان ہیں۔

اسی شفقت و مہربانی کے تعلق سے ایک حدیث ملاحظہ فرمائیں:

" أن النبی -صلی اللہ علیہ وسلم- تلا قول اللہ تعالی فی إبراهیم:﴿رب إنهن أضللن کثیرا من الناس فمن تبعنی فإنہ منی﴾. وقال عیسی علیہ السلام:﴿إن تعذبهم فإنهم عبادک﴾ فرفع یدیہ وقال اللهم أمتی أمتی. وبکی فقال اللہ تعالی: یا جبریل اذهب إلی محمد وربک أعلم فسئلہ ما یبکیک؟ فأتاہ جبریل-علیہ الصلاۃ والسلام- فسألہ فأخبرہ رسول اللہ- صلی اللہ علیہ وسلم- بما قال. وهو أعلم. فقال اللہ: یا جبریل اذهب إلی محمد فقل: إنا سنرضیک فی أمتک ولا نسوءک". (رواہ مسلم:۱/۱۱۳)

ترجمہ: حضرت عبد اللہ بن عمرو بن عاص رضی اللہ عنہ سے روایت ہے کہ رسول اللہ صلی اللہ علیہ وسلم نے قرآن کریم میں حضرت ابراہیم علیہ السلام کے متعلق یہ آیت تلاوت فرمائی رب إنھن الخ (کہ میرے پروردگار! ان بتوں نے بہت سے لوگوں کو گم راہ کر دیا یعنی ان کی وجہ سے بہت سے آدمی گم راہ ہوگئے، پس جو لوگ میری پیروی کریں وہی میرے ہیں، پس ان کے لیے تو میں آپ سے عرض کرتا ہوں کہ ان کو تو ہی بخش دے۔

اور عیسیٰ علیہ السلام کا یہ قول بھی تلاوت فرمایا: "إن تعذبھم فانھم عبادک الخ" یعنی اے اللہ! اگر آپ میری امت کے ان لوگوں کو عذاب دیں تو یہ آپ کے بندے ہیں (یعنی آپ کو عذاب و سزا کا پورا حق ہے) پھر آپ صلی اللہ علیہ وسلم نے دعا کے لیے اپنے دونوں ہاتھوں کو بلند کیا اور کہا اے میرے اللہ! میری امت، میری امت۔ اور آپ صلی

اللہ علیہ وسلم اس دعا میں روئے، اللہ تعالیٰ نے حضرت جبرئیل علیہ السلام کو فرمایا کہ محمد کے پاس جاؤ؛ اگرچہ تمہارا رب سب خوب جانتا ہے؛ مگر پھر بھی تم جاکر ہماری طرف سے پوچھو کہ ان کے رونے کا سبب کیا ہے ؟ پس جبرئیل علیہ السلام آپ کے پاس آئے اور آپ صلی اللہ علیہ وسلم سے پوچھا آپ صلی اللہ علیہ وسلم نے جبرئیل علیہ السلام کو وہ بتلادیا جو اللہ سے عرض کیا تھا یعنی اس وقت میرے رونے کا سبب امت کی فکر ہے۔ جبرئیل علیہ السلام نے جاکر اللہ تعالیٰ سے عرض کیا تو اللہ نے جبرئیل علیہ السلام کو فرمایا کہ محمد کے پاس جاؤاور ان کو ہماری طرف سے کہو کہ تمہاری امت کے بارے میں ہم تمہیں راضی اور خوش کردیں گے اور تمہیں رنجیدہ اور غمگین نہیں کریں گے۔

ایک موقع پر آپ صلی اللہ علیہ وسلم نے فرمایا: "اَللّٰھُمَّ اغْفِرْ لِعَائِشَةَ مَا تَقَدَّمَ مِنْ ذَنْبِھَا وَمَا اَسَرَّتْ وَمَا اَعْلَنَتْ". یہ دعا سن کر حضرت عائشہ صدیقہ رضی اللہ عنہا یہاں تک ہنسیں کہ ان کا سر آپ صلی اللہ علیہ وسلم کی گود کی طرف جھک گیا تو آپ صلی اللہ علیہ وسلم نے فرمایا کیا تجھ کو میری دعا نے خوش کردیا؟ عرض کیا حضرت! آپ کی دعا کیوں خوش نہ کرتی؟ آپ صلی اللہ علیہ وسلم نے فرمایا: خدا کی قسم! یہی میری دعا میری تمام امت کے لیے ہر نماز کے بعد ہوتی ہے۔ (مجمع الزوائد ج۹ / ۲۴۴)

یہ امت کے فکر و غم اور خیر خواہی کے جذبات سے معمور پیغمبرانہ مزاج تھا جو ہمہ وقت آپ صلی اللہ علیہ وسلم کو مضطرب و بے چین رکھتا تھا اور یہ سلسلہ شفقت و مہربانی صرف دنیا کی فانی زندگی تک محدود نہیں بلکہ محشر کے میدان میں بھی، جب ہر انسان ہی نہیں بلکہ ہر نبی نفسی نفسی کے عالم میں ہو گا، کرب و ابتلا کے عین موقع پر بھی زبانِ رسالت مآب صلی اللہ علیہ وسلم پر امتی امتی جاری ہو گا اور آپ دیگر انسانوں کے ساتھ ساتھ اپنی امت کے حق میں خصوصی شفاعت فرمائیں گے۔

پیارے نبی صلی اللہ علیہ وسلم کو امت سے اس قدر محبت و پیار کا تعلق اور ہم مسلمانوں کا سنتِ نبوی سے اعراض یقیناً انتہائی تشویش ناک اور تکلیف دہ ہے، اللہ تعالیٰ ہی ہمارے حال پر رحم فرمائے، جس نبی کو اسوہ بنا کر مبعوث کیا گیا، اس نبیِ رحمت نے زندگی کے کسی بھی گوشہ کو تشنہ نہیں چھوڑا؛ بلکہ کامل و مکمل طریقہ سے تمام شعبوں میں زبانی، عملی ہر طرح سے اور ہر سطح سے رہبری فرمائی۔ خواہ ان اُمور کا تعلق عبادت سے ہو یا معاملات سے یا معاشرت واخلاقیات سے، زندگی کا ہر مرحلہ اس آفتابِ نبوت کی پاکیزہ ومقدس روشنی سے منور اور روشن ہے، ہماری سب سے بڑی کوتاہی یہ ہے کہ ہم بے عملی کا شکار ہیں، رذیل دنیا کی حرص و طمع کے دبیز پردوں نے ہمیں پوری طرح سے ڈھانپ رکھا ہے، یہی وجہ ہے کہ منزل کی صحیح سَمت معلوم ہونے کے باوجود ہم اس پر چلنے سے عاجز و قاصر رہتے ہیں، شدید ضرورت اس بات کی ہے کہ ہم اپنا محاسبہ خود کریں، اپنی عبادتوں کا جائزہ لیں، ہماری نمازیں پیغمبر کی نماز سے میل کھاتی ہیں یا نہیں؟ زکوٰۃ اور رمضان شریف کے روزوں، حج بیت اللہ اور دیگر عبادتی کاموں میں ہم اپنے پیارے نبی صلی اللہ علیہ وسلم کے طریقہ کو کتنا ملحوظ رکھتے ہیں؟ اسی طرح معاملات کو دیکھیں کہ اس میں ہم کس حد تک پیغمبرانہ اسوہ کو اختیار کیے ہوئے ہیں یا غیروں کے بنائے ہوئے اُصول اور ان کے بے برکت طریقے اختیار کرتے ہیں، معاملات کی صفائی و شفافیت کے متعلق نبیِ رحمت صلی اللہ علیہ وسلم کی تعلیمات وہدایات پر ہمیں کتنا اعتماد ہے، اخلاق و معاشرت کے پہلو سے بھی ہم اپنے طرزِ عمل پر نظر ڈالیں، اخلاق نبوی صلی اللہ علیہ وسلم سے ہماری خصلتیں اور مزاج کتنا متاثر ہے۔

حرص و طمع، کینہ و حسد، حبِ جاہ، حبِ مال، عجب وریا، کذب وخیانت، غرور و گھمنڈ، غصہ اور بخل جیسی خسیس اور گھٹیا عادتوں سے ہم عملی طور پر کتنی نفرت کرتے ہیں

اور اخلاقِ عالیہ تواضع و انکساری توبہ و استغفار، انس و محبت، زہد و توکل، صبر و شکر، حلم و بردباری، صدق و اخلاص، احسان و رضا، شرم و حیا، ہمدردی و رحم دلی، جیسے بلند اوصاف سے ہماری طبیعت کتنی مانوس ہے اور وقت آنے پر ان دو متضاد راہوں میں سے ہم کس راہ کو اختیار کرتے ہیں۔ اسی طرح اپنی معاشرتی زندگی کا بھی جائزہ لیں اور بہت سنجیدگی سے محاسبہ کریں کہ قبیلہ و خاندان اعزاء و اقرباء پڑوسیوں اور دیگر لوگوں کے ساتھ رہن سہن اور گزر بسر کے، سب طریقے ہمارے اچھے ہیں؟

اپنی بستی و محلہ اور گھروں میں محبت و موانست کی فضا ہے یا نفرت و بیزاری کا ماحول ہے؟ خوش مزاجی، بڑوں کی عزت و عظمت، چھوٹوں کے ساتھ شفقت و محبت، ماتحتوں کے ساتھ حسنِ سلوک و رواداری، لوگوں کی خطا و لغزش معاف کرنا، کمزوروں کی مدد کرنا، مہمانوں کی ضیافت، بھوکوں کو کھانا کھلانا، مظلوموں کی مدد اور ہر شخص کے ساتھ محبت و شفقت کا معاملہ کرنے میں ہماری زندگی کا کتنا حصہ گزرا کہ جس کی بنیاد پر معاشرہ میں آدمی ایک محترم اور بلند کردار انسان کہلانے کا حق دار ہو جاتا ہے، یہ بلند کرداری غیروں میں بھی اس کو باعزت مقام دیتی ہے۔

خلاصہ یہ ہے کہ ہم اپنا بھی محاسبہ کریں اور اپنے اہل و عیال کا بھی جائزہ لیں، آج ہمارے بچوں کو موبائل فون، ٹیلی ویژن وغیرہ کے ذریعہ کرکٹ کھیل کی معلومات، کھلاڑیوں کے نام اور مختلف صوبوں، ملکوں میں کھیلے گئے میچوں کا ریکارڈ، فلموں کی اسٹوریاں وغیرہ خوب یاد رہتی ہیں۔ اگر یاد نہیں تو پیغمبر علیہ الصلوٰۃ والسلام کے حالات اور ان کی سیرت یاد نہیں، اس میں یقینا بنیادی طور پر قصور ہمارا ہے۔

ہمیں خود سیرتِ طیبہ کا پتہ نہیں، اس سے یکسر غفلت ہے، نبی پاک صلی اللہ علیہ وسلم کی پاکیزہ زندگی کے نہ تو احوال ہمیں یاد ہیں اور نہ جاننے کی فکر ہے؛ البتہ زبانی محبت کا

دعویٰ خوب ہوتا ہے، سید الکونین صلی اللہ علیہ وسلم کی شان میں نعوذ باللہ کوئی خبیث النفس شرارت کر دے تو ہمارا خون کھولنے لگتا ہے، ضرور کھولنا چاہیے اور اس پر جتنا بھی غصہ آئے کم ہے؛ لیکن اس کے ساتھ یہ بھی دیکھیں کہ پیغمبر علیہ السلام کے ساتھ ہم نے خود کیا تعلق قائم کر رکھا ہے۔ ہماری زندگی سنتوں سے کس قدر معمور ہے، ہمیں اس کا محاسبہ کرنے کی ضرورت ہے، ہمارے بچوں کے اندر نبی علیہ السلام کی سیرت کا کتنا چرچا ہوتا ہے، ہمارے گھروں میں سنتیں کتنی زندہ ہیں؟

اس کا سہل و مجرب طریقہ یہ ہے کہ صبح بیدار ہونے سے سونے تک روز مرہ کی دعائیں یاد کی جائیں، بچوں کو بھی یاد کرائیں، اس موضوع کی اُردو، ہندی مختلف (مقامی) زبانوں میں کتابیں بازار میں ملتی ہیں، ان کو ہم پڑھیں، اپنے اہل و عیال میں سنائیں، اسی سے ایک ماحول بنے گا اور سنتوں پر عمل کا داعیہ پیدا ہو گا، ان شاء اللہ ہماری سیرت و صورت، عادات و اخلاق سنتوں کے پاکیزہ رنگ میں رنگین ہو جائیں گے اور زندگی کے ہر موڑ اور ہر مرحلہ میں ہم پیارے نبی کی سیرت طیبہ کو اپنا اسوہ بنا کر زندگی گزاریں تو بلاشبہ دونوں جہاں میں سرخ روئی کا باعث ہو گا اور اس کے صالح اثرات نہ صرف یہ کہ ہماری زندگیوں میں ہی ظاہر ہوں گے؛ بلکہ ہماری نسلوں کو بھی اس کا فائدہ پہنچے گا، ان شاء اللہ۔

اللہ رب العزت ہم سب کو عمل کی توفیق سے نوازے اور اپنی عارضی و فانی زندگی کے ہر مرحلہ میں سنتِ نبوی کو پیشوا بنانے کے لیے ہمیں منتخب فرمائے کہ سیرت طیبہ کا اصل یہی پیغام ہے اور حضور اقدس صلی اللہ علیہ وسلم سے سچی محبت و تعلق اور ایمانی جذبہ کا یہی تقاضا ہے اور اسی میں فلاحِ دارین ہے۔

٭ ٭ ٭

نبی رحمت صلی اللہ علیہ وسلم ہند و مفکرین کی نظر میں
مولانا امداد الحق بختیار

اس روئے زمین پر بلا اختلاف دین ومذہب تمام انسانی طبقات کی طرف سے اگر سب سے زیادہ کسی عظیم شخصیت کی تعریف وتوصیف اور مدح سرائی ہوئی ہے، تو وہ رسول اللہ صلی اللہ علیہ وسلم کی ذات گرامی ہے؛ چناں چہ مسلمانوں کے علاوہ غیر مسلم مفکرین، دانش وران، مذہبی، سماجی اور سیاسی شخصیات نے اسلام کے پیغمبر صلی اللہ علیہ وسلم کی عظمت، پاکیزگی، تقدس، اخلاق وکردار، صداقت وامانت، رواداری، بھائی چارگی، امن وسلامتی اور انسانیت کی فلاح وبہبود کے لیے بے لوث مخلصانہ پیہم کوششوں کو خوب صورت الفاظ اور پیرایہ میں خراج تحسین پیش کیا ہے۔

وہیں دوسری طرف ہمیں ہر زمانے میں کچھ ایسے متعصب اور فرقہ پرست عناصر بھی نظر آجاتے ہیں، جو رسول اللہ صلی اللہ علیہ وسلم کی پانی سے زیادہ پاک، آئینہ سے زیادہ صاف وشفاف، چاند سے زیادہ خوب صورت اور سورج سے زیادہ روشن زندگی پر کیچڑ اچھالنے کی ناکام، نامراد اور گھٹیا کوشش کرتے ہیں، ان کی یہ ہرزہ سرائی کسی مطالعہ، غور وفکر اور استنباط واستخراج کی بنیاد پر قائم نہیں ہوتی؛ بلکہ اس کے پس پردہ تعصب، فرقہ پرستی اور اسلام دشمنی کارفرما ہوتی ہے، چناں چہ اس کا اعتراف اور اظہار کرتے ہوئے خود ایک غیر مسلم دانش ور سوامی نرائن جی سنیاسی بی، اے لکھتے ہیں:

"دنیا کے پیر پیغمبروں اور اوتاروں میں سب سے زیادہ ناانصافی اگر کسی کے ساتھ کی گئی ہے اور سب سے زیادہ ظلم اگر کسی پر کیا گیا ہے اور سب سے زیادہ جھوٹ اگر کسی پر بولا گیا ہے، تو وہ رسول عربی حضرت محمد بن عبد اللہ صلی اللہ علیہ وسلم ہیں، طرح طرح کے بہتان آپ پر تراشے گئے اور طرح طرح کے الزام آپ پر لگا کر آپ کو دنیا میں وحشی وخوں خوار اور بے رحم دکھایا گیا، جھوٹے سچے واقعات کی بنا پر آپ کو بدنام کرنے کی کوشش کی گئی، چوں کہ عیسائیت، اسلام کو حریف سمجھتی تھی اور اسلام کے مقابلہ پر اس کا فروغ ناممکن تھا؛ اس لیے اسلام کو ہندوستان میں اس نے ایک خاص رنگ میں پیش کیا، جو ہندوستانی تہذیب وروایات کے خلاف تھا، اس کا مقصد یہ تھا کہ اہل ہند کو اسلام اور پیغمبر اسلام سے نفرت پیدا ہو؛ تاکہ عیسائیت کے لیے دروازہ کھلے اور اس میں اس وجہ سے ایک حد تک کام یابی ہوئی کہ ہندوؤں نے اسلامی تاریخ، مذہب اور بانی اسلام کی سیرت کا کبھی مطالعہ نہیں کیا، عیسائیوں نے جھوٹے سچے واقعات کو، جس طرح چاہا، رنگ آمیزی کے ساتھ پیش کیا اور ہندوؤں نے سچ سمجھ کر ان کو قبول کر لیا اور اسی کے مطابق اپنی رائے قائم کر لی، اس سے ناخوش گوار کیفیت میں اور زیادہ اضافہ ہو گیا اور فرقہ وارانہ کشیدگی نے بہت زیادہ بڑی صورت پیدا کر دی۔" (پیغمبر اعظم صلی اللہ علیہ وسلم، مؤلف: مولانا سید محمد طاہر حسن امروہی، اشاعت دوم (۱۴۳۳ھ مطابق ۲۰۱۲ء) ناشر: جامعہ اسلامیہ عربیہ، جامع مسجد امروہہ، ص: ۲۵۱، ۲۵۰، ۲۴۹)

انگریزی اقتدار کے دور میں عیسائی مشنریز نے اسلام اور پیغمبر اسلام صلی اللہ علیہ وسلمکو بدنام کرنے کی گندی کوشش کی تھی، ٹھیک اسی طرح اِس وقت ہمارے ملک عزیز کی ایک متعصب اور متشدد فرقہ پرست جماعت اور اس کے کچھ عناصر بھی اسی طرح کی قے کر کے اپنے اندرون کی غلاظت کا پتہ دے رہے ہیں؛ جب کہ خود انھی کے ہم مذہب

بہت سے انصاف پسند ہندو مفکرین اور دانش وران نے نبی رحمت صلی اللہ علیہ وسلم کی شان میں اپنی عقیدت کے پھول نچھاور کیے ہیں اور جلی الفاظ میں آپ صلی اللہ علیہ وسلم کی طہارت و پاکیزگی، رحمت واخوت اور انسانی ہم دردی کو بیان کیا ہے؛ چناں چہ ذیل میں ایسے چند اقتباسات پیش کیے جاتے ہیں۔

جناب موہن داس کرم چند گاندھی پیغمبر اسلام صلی اللہ علیہ وسلم کے بارے میں لکھتے ہیں:

"اسلام نے بزور شمشیر سرفرازی اور سربلندی حاصل نہیں کی؛ بلکہ اس کی بنیاد ہے: نبی کا خلوص، خودی پر آپ کا غلبہ، وعدوں کا پاس، غلام، دوست اور احباب سے یکساں محبت، آپ کی جرات اور بے خوفی، اللہ اور خود پر یقین جیسے اوصاف۔" (اسلام کے پیغمبر محمد، مؤلف: پروفیسر راماکرشناراؤ، ترجمہ: شمیم احمد عثمانی، ص۸، بحوالہ: پیغمبر عالم صلی اللہ علیہ وسلم، مؤلف: مولانا خالد سیف اللہ رحمانی، ص۴۴۶)

پروفیسر راماکرشناراؤ مراٹھی آرٹس کالج برائے خواتین میسور کے شعبہ فلسفہ میں استاد اور صدر شعبہ رہے ہیں، انہوں نے (Mohammad The Prophet of Islam) کے نام سے ایک کتابچہ تصنیف کیا ہے، جس کا دنیا کی مختلف زبانوں میں ترجمہ ہو چکا ہے، مصنف نے اس کتاب میں بہت تفصیل کے ساتھ پیغمبر اسلام صلی اللہ علیہ وسلم کو خراج تحسین پیش کیا ہے۔ (پیغمبر عالم صلی اللہ علیہ وسلم، مؤلف: مولانا خالد سیف اللہ رحمانی، ص۴۴۷.) پروفیسر راماکرشناراؤ مراٹھی رسول اللہ صلی اللہ علیہ وسلم کی عظمت کو بیان کرتے ہوئے لکھتے ہیں:

اگر عظمت کا راز کسی ایسی قوم کی تطہیر میں پوشیدہ ہے جو سرتاپا وحشت وبربریت کا شکار اور اخلاقی تاریکیوں میں ڈوبی ہوئی ہو، تو وہ شخصیت جس نے عربوں جیسی انتہائی

پستیوں میں گری ہوئی قوم کو یکسر بدل کر رکھ دیا، اسے عظمت و شائستگی کے اعلی مقام پر پہنچایا اور علم و تہذیب کا مشعل بردار بنایا، ہر لحاظ سے عظیم قرار پاتی ہے۔

اگر کسی معاشرہ کے متصادم عناصر کے درمیان اخوت و محبت کا رشتہ استوار کرنا عظمت کی نشانی ہے تو یہ امتیاز پیغمبر صحرا کے حصہ میں آتا ہے۔

اگر توہمات کے شکار اور باطل رسومات میں گرفتار لوگوں کی اصلاح کا نام عظمت ہے، تو پیغمبر اسلام نے ہزارہا انسانوں کو توہم پرستی اور بے بنیاد خوف سے نجات دلائی۔

اگر عظمت کا تصور اعلی اخلاق کا مظہر ہونے سے وابستہ ہے، تو حضرت محمد صلی اللہ علیہ وسلم کو ان کے دوست اور دشمن امین اور صادق کہہ کر پکارتے تھے۔

اگر ایک فاتح کو عظیم انسان کہا جا سکتا ہے، تو ہمارے سامنے ایک ایسی شخصیت آتی ہے، جس نے اپنی زندگی کا آغاز ایک بے سہارا، یتیم اور معمولی انسان کی حیثیت سے کیا اور بالآخر عرب و عجم کی تاج دار کہلائی، جس کا مقام قیصر و کسری سے کسی طرح کم نہ تھا، اس نے ایک ایسی مملکت کی بنیاد ڈالی جو چودہ سو (اب پندرہ سو) سال سے اب تک چلی آرہی ہے۔

اگر کسی رہنما سے اس کے پیروکاروں کی عقیدت مندی عظمت کا پیمانہ ہے تو دنیا کے گوشہ گوشہ میں بسنے والے کروڑوں انسانوں کی روحوں کو حضرت محمد صلی اللہ علیہ وسلم کا نام ایک سحر انگیز کیفیت سے سرشار کیے ہوئے ہے۔"(اسلام کے پیغمبر محمد، مؤلف: پروفیسر راما کرشنا راؤ، ترجمہ: شمیم احمد عثمانی، ص:۱۹-۲۰، بحوالہ: پیغمبر عالم صلی اللہ علیہ وسلم، مؤلف: مولانا خالد سیف اللہ رحمانی، ص:۴۴۷-۴۴۸)

رسول اللہ صلی اللہ علیہ وسلم کے اخلاق و کردار کے حوالے سے پروفیسر صاحب لکھتے ہیں:

"محمد صلی اللہ علیہ وسلم اپنے معاصرین کی نگاہ میں کھرے اور اعلی کردار کے مالک تھے؛ چناں چہ یہودی بھی آپ صلی اللہ علیہ وسلم کی صداقت کے قائل تھے، آپ کے کردار میں آپ صلی اللہ علیہ وسلم کے معاصرین کو دھوکہ دہی، فریب کاری یا دنیاوی مفاد پرستی کی ہلکی سی جھلک بھی نظر نہیں آتی تھی۔" (سیرت محمد صلی اللہ علیہ وسلم عالم انسانیت کے لیے مشعل راہ، خصوصی شمارہ سہ ماہی مجلہ بحث و نظر، مضمون: ڈاکٹر رضی الاسلام ندوی، ص: ۷۳-۷۴)

ڈاکٹر شنکر داس مہرہ بی، ایس، سی ایم، بی، بی، ایس، دہلی نے رسول اللہ صلی اللہ علیہ وسلم کی شان میں اپنی عقیدت کے پھول ایک کتاب کی شکل میں پیش کیے ہیں، جس کا نام ہے: حضرت محمد کی زندگی ایک ہندو کی نظر میں، اس کتاب میں وہ تحریر کرتے ہیں:

"محمد صاحب وہ مہان ہستی تھے، جن کا سر ہمیشہ خدا کے سجدے میں رہا اور جن کا دل و دماغ انسان کی بھلائی میں، حضرت محمد صاحب وہ انقلابی انسان تھے، جنھوں نے تمام عمر بدی کے خلاف جنگ کی اور انسانیت کو اونچا اٹھانے کا پروگرام پیش کیا، گو یہ پیغام کوئی نئی راہ عمل نہ تھی، آپ سے پہلے بہت سے انبیا پیش کر چکے ہیں؛ مگر جس خوبی سے آپ نے اس کو دوبارہ پیش کیا اور جس سختی سے اس پر عمل کیا، یہ آپ ہی کا حصہ تھا، آپ کی زندگی پر ہر فرد بشر کو ناز ہونا چاہیے۔" (پیغمبر اعظم صلی اللہ علیہ وسلم، مؤلف: مولانا سید محمد طاہر حسن امروہی، اشاعت دوم (۱۴۳۳ھ مطابق ۲۰۱۲) ناشر: جامعہ اسلامیہ عربیہ جامع مسجد امروہہ، ص: ۲۴۲-۲۴۳)۔

پروفیسر فراق گورکھپوری لکھتے ہیں:

"میرا اٹل ایمان ہے کہ حضرت محمد پیغمبر اسلام کی ہستی بنی نوع انسان کے لیے ایک رحمت تھی، پیغمبر اسلام نے تاریخ و تمدن، تہذیب و اخلاق کو وہ سب کچھ دیا جو شاید

ہی کوئی اور بڑی ہستی دے سکے، ان کا دلی احترام کرنا ہر انسان کا فرض؛ بلکہ ہر انسان کے لیے سعادت ہے، اس میں مسلم غیر مسلم کی تفریق نہیں۔" (حوالہ بالا، ص:۲۴۴)

مسٹر اجیت پرشاد جین، سابق وزیر حکومت ہند کہتے ہیں:

"آں حضرت صلی اللہ علیہ وسلم نے جو پیغام دیا ہے وہ تمام کائنات کے لیے ہے، اگر صحیح جذبہ کے ماتحت دیکھا جائے تو غیر مسلم بھی ان کی تعلیم اور زندگی سے بہت کچھ سیکھ سکتے ہیں۔" (حوالہ بالا، ص:۲۴۷)

لالہ لاجپت رائے کہتے ہیں:

"مجھے یہ کہنے میں ذرا تامل نہیں کہ میرے دل میں پیغمبر اسلام کے لیے نہایت عزت ہے، میری رائے میں ہادیان دین اور رہبران بنی نوع انسان میں ان کا درجہ بہت اعلی ہے۔" (حوالہ بالا، ص:۲۴۹)

مشہور مہاتما ستیہ دھاری اپنی کتاب بحر نبوت میں لکھتے ہیں:

"دین اسلام لانے والے حضرت محمد صاحب کی زندگی دنیا کو بے شمار سبق پڑھاتی ہے، ان کی ہر حیثیت دنیا کے لیے سبق دینے والی ہے؛ بشر طیکہ دیکھنے والی آنکھ، سمجھنے والا دماغ اور محسوس کرنے والا دل ہو۔" (حوالہ بالا، ص:۲۴۹)

لالہ بشن داس لکھتے ہیں:

"حضرت محمد صاحب کی شان میں میرے جیسے ناچیز ہیچ مداں کا کچھ عرض کرنا سراسر بے ادبی اور چھوٹا منھ بڑی بات ہے؛ کیوں کہ حضرت ولیوں کے ولی، پیروں کے پیر، آسمانِ نبوت کے سورج، ہادیانِ مذاہب کے سرتاج اور رہ نمایانِ دین کے رہبر تھے، جس عزت وتوقیر اور تعظیم وتکریم اور پریم کے ساتھ اس خاتم الانبیاء کا نام لیا جاتا ہے، کسی دیگر پیر، پیغمبر، ولی، گورو، رشی اور منی کا ہرگز نہیں لیا جاتا۔ جو اخوت (بھائی چارہ) پیغمبر

اسلام نے قائم کی ہے، کوئی نہیں کر سکا، جس مضبوط چٹان پر اسلام کی بنیاد حضرت محمد نے رکھی ہے، وہ نہ کسی کو ملا ہے، نہ ملے گا۔ یہ ساری باتیں اس امر کا یقینی ثبوت ہیں کہ حضرت محمد صاحب غیر معمولی انسان تھے اور نوع انسانی کی اصلاح کے لیے خدا کے فرستادہ تھے۔" (حوالہ بالا، ص:۲۵۳)

جناب راجندر نارائن لال (ولادت:۱۹۱۶ء) کا تعلق بھرت پور، راجستھان سے ہے، انہوں نے ہندی میں اسلام ایک سویم سدھ ایشوریہ جیون ویوستھا (اسلام ایک خدائی نظام حیات) کے نام سے ایک کتاب لکھی ہے۔ آپ صلی اللہ علیہ وسلم کے اخلاق حسنہ کا تذکرہ ان الفاظ میں کرتے ہیں:

"آپ صلی اللہ علیہ وسلم نے اپنی ساری زندگی انتہائی سادگی کے ساتھ گزاری، آپ کسی امتیاز کے بغیر سبھی مذاہب اور طبقات کے لوگوں کے خیر خواہ تھے، آپ صلی اللہ علیہ وسلم اس قدر سخی تھے کہ قرض لے کر بھی دوسروں کی ضرورتیں پوری کر دیتے تھے، آپ صلی اللہ علیہ وسلم کے اندر کسی طرح کی بھی اخلاقی برائی نہیں پائی جاتی تھی، آپ صلی اللہ علیہ وسلم سراپا صداقت، امانت، پاکیزگی وطہارت، رحم وکرم اور امن وسلامتی کے پیام بر اور سخاوت ورحمت کا مظہر تھے، صرف دوسروں کی بھلائی اور خیر خواہی کے لیے زندہ رہے، آپ صلی اللہ علیہ وسلم کی نیکی کی کوئی حد نہ تھی، محنت ومشقت کی عظمت کے لیے دوسروں میں مساوات، بھائی چارہ اور ہمدردی کا جذبہ پیدا کرنے کے لیے، آپ صلی اللہ علیہ وسلم نے جنگ اور امن کسی بھی حالت میں ایسا کام نہ کیا، جس کی وجہ سے لوگ آپ صلی اللہ علیہ وسلم کو دوسروں سے ممتاز سمجھیں، آپ صلی اللہ علیہ وسلم جنگ اور امن میں حیرت انگیز طور پر رحم دل اور درگزر کرنے والے تھے۔" (سیرت محمد صلی اللہ علیہ وسلم عالم انسانیت کے لیے مشعل راہ، خصوصی شمارہ سہ ماہی مجلہ بحث ونظر،

مضمون:ڈاکٹر رضی الاسلام ندوی، ص:۷۷)

بلاشبہ رسول اللہ صلی اللہ علیہ وسلم کی حیات طیبہ اس روئے زمین پر سب سے زیادہ عظیم، مقدس، سب سے اعلی اخلاق وکردار کی حامل اور بے انتہا صاف وشفاف ہے، رحمت، اخوت، نصرت، سخاوت، ہم دردی، انسانیت نوازی جیسی صفات اپنے مکمل معنی اور مظہر میں آپ صلی اللہ علیہ وسلم کی زندگی میں نمایاں ہیں، آپ صلی اللہ علیہ وسلم کی حیات مبارکہ پوری انسانیت کے لیے سب سے بہترین نمونہ ہے۔

***

سیرتِ النبیؐ کا ایک اور گوشہ

پیارے نبیؐ کا سلوک

مرتبہ : اعجاز عبید

بین الاقوامی ایڈیشن منظر عام پر آ چکا ہے